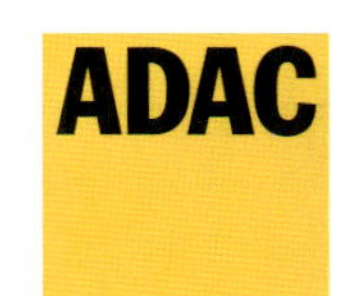

Ostfriesland

Ostfriesische Inseln und Nordseeküste

von Andrea Lammert

ADAC Top Tipps

Das müssen Sie gesehen haben! Die zehn Top Tipps bringen Sie zu den absoluten Highlights.

25 ADAC Empfehlungen

Unterwegs gut beraten: Diese 25 ausgesuchten Empfehlungen machen Ihren Urlaub perfekt.

Preise für ein DZ mit Frühstück:
€ | bis 70 €
€€ | bis 120 €
€€€ | ab 120 €

Preise für ein Hauptgericht:
€ | bis 10 €
€€ | bis 15 €
€€€ | ab 15 €

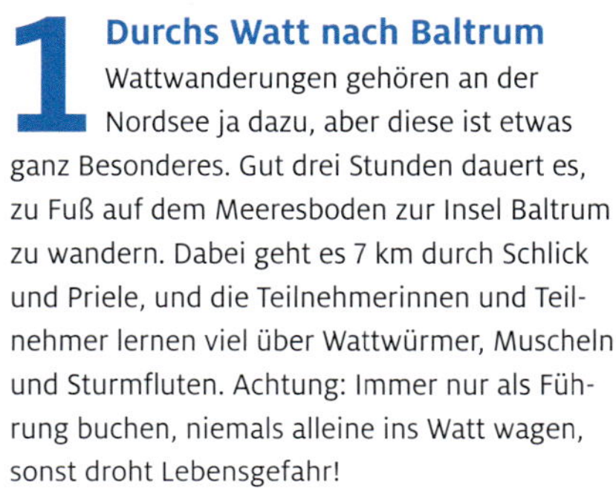

1 Durchs Watt nach Baltrum

Wattwanderungen gehören an der Nordsee ja dazu, aber diese ist etwas ganz Besonderes. Gut drei Stunden dauert es, zu Fuß auf dem Meeresboden zur Insel Baltrum zu wandern. Dabei geht es 7 km durch Schlick und Priele, und die Teilnehmerinnen und Teilnehmer lernen viel über Wattwürmer, Muscheln und Sturmfluten. Achtung: Immer nur als Führung buchen, niemals alleine ins Watt wagen, sonst droht Lebensgefahr!

■ Start: Hafen Neßmersiel. www.dornum.de, www.wattwanderung-wattenmeer.de

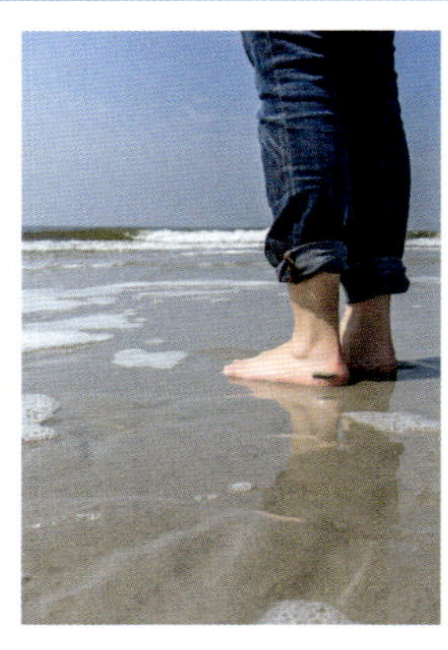

3-mal draußen

2 Paddeln in Greetsiel

Wer Greetsiel einmal anders erleben möchte, der setzt sich in ein Kanu und paddelt drauflos. Gestartet wird in Sichtweite der Zwillingsmühlen, dann geht es vorbei an den Backsteinhäusern des Städtchens. Wer mag, paddelt weiter in die kleinen Dörfer, etwa nach Pilsum. Die Tour dauert rund zwei Stunden und endet mit einem Rundgang durch das Dorf. Die Kanus sind direkt in Greetsiel ausleihbar, bei der Verleihstelle oder der Tourist-Info gibt es eine Wasserwanderkarte und Infos zur Strecke.

■ abenteuer-am-wasser.de

3 Kunstspaziergang in Dangast

Zugegeben: Etwas frivol ist sie schon, die Statue am Strand von Dangast. Sie stellt einen Phallus dar. Doch Kunst darf eben fast alles. Eckart Grenzers Objekt ist vielleicht das berühmteste Kunstwerk hier, aber nicht das einzige. So erinnert der übergroße Stuhl als Kaiser Butjathas Thron an den Künstler Wilfried Gerdes, der in Dangast gewirkt hat. Wer sich vom Strand am Kurhaus auf den Weg macht, stößt immer wieder auf Kunst, immerhin haben dort schon Max Pechstein, Joseph Beuys oder Anatol gewirkt. Die Skulpturen kommen bei Ebbe am besten zur Geltung.

■ www.dangast.de

Intro

ADAC Quickfinder

Hier finden Sie die Orte, Sehenswürdigkeiten und Attraktionen, die perfekt zu Ihnen passen.

Unterwegs

8

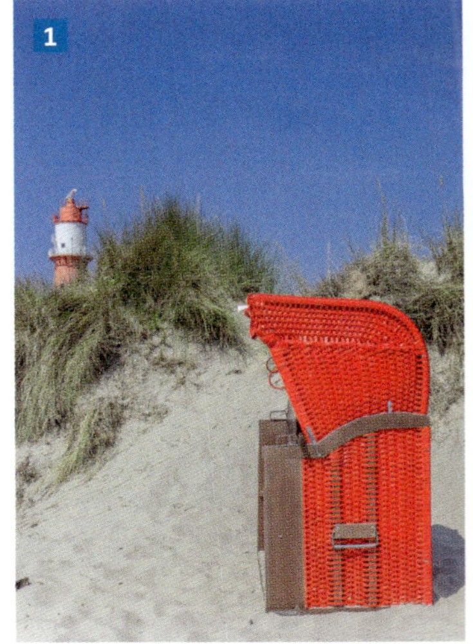
1

Service

Alle wichtigen reisepraktischen Informationen – von der Anreise über Notrufnummern bis hin zu den Zollbestimmungen.

Zu diesen Orten und Sehenswürdigkeiten finden Sie Detailkarten im Innenteil des Reiseführers.

Umschlag:

ADAC Top Tipps: Vordere Umschlagklappe, innen 1

ADAC Empfehlungen: Hintere Umschlagklappe, innen 2

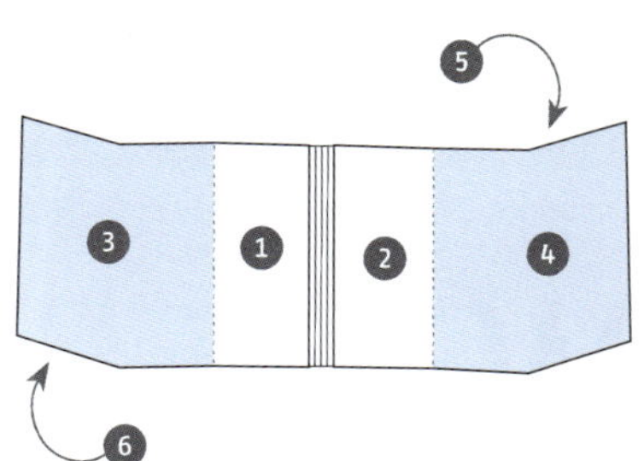

Übersichtskarte Ostfriesland West: Vordere Umschlagklappe, innen 3
Übersichtskarte Ostfriesland Ost: Hintere Umschlagklappe, innen 4
Plan Borkum und Norderney: Hintere Umschlagklappe, außen 5
Drei Tage in Ostfriesland: Vordere Umschlagklappe, außen 6

Wellen, Weite, Wind und immer eine gute Tasse Tee

Ostfriesland und die Nordseeküste sind ein Kosmos für sich. Hier haben sich viele Traditionen gehalten, die einmalig sind

Die beiden Zwillingsmühlen sind das Wahrzeichen von Greetsiel auf der Krummhörn

Wirklich Exotisches muss nicht viele Flugmeilen entfernt sein. Wenn ein Landstrich in Deutschland Exotik beweist, dann Ostfriesland. Und seine Einwohner erst recht. Sie sind schon außergewöhnliche Menschen, vergnügen sich beim Boßeln und Klootschießen anstatt Fußballspielen, fahren Feriengäste im Lachbus durch die Gegend und gehen zum Knochenbrecher anstatt zum Arzt. Die Menschen der Nordsee haben Häuptlinge statt Grafen und Barone und schreiben ihre Hafenstädte irritierend konsequent mit V anstatt mit F wie etwa Bremerhaven oder Wilhelmshaven. Und erst ihre Namen! Tamme, Tjark, Onno, Focko oder Fentje, Vornamen wie diese gibt es wohl außerhalb Ostfrieslands nirgendwo sonst. Sie spiegeln eine einzigartige Kultur wider, die vom Norddeutschen ebenso geprägt ist wie vom Holländischen. Der Einfluss der Niederländer hat den Ostfriesen übrigens auch das Hafen-V beschert.

Einzigartige Kultur

Während überall sonst der Kaffee als Wachmacher schlechthin gilt, greifen die Ostfriesen zum Tee. Natürlich die

eigene Mischung. Sie trinken derart viele Liter, dass sie noch vor den Türken, den Afghanen und den Engländern Weltmeister im Teetrinken sind. Ganze 300 l brüht sich der Ostfriese jedes Jahr durchschnittlich auf. Überall im Land wird Tee ausgeschenkt, dazu gibt es oft Rosinenstuten mit Butter – Krintstuut, wie dieses Hefegebäck auf Ostfriesisch heißt. Ob auf den Inseln nach einer ausgiebigen Wanderung oder auf dem Festland mit Blick auf einen Krabbenkutterhafen – die gute Tasse Tee gehört hier immer dazu.

Vor allem auf den Ostfriesischen Inseln tut sie gut, nach einer Wanderung gegen den Wind etwa. Denn irgendwie kommt er an der Küste ständig von der falschen Seite, wo er einem beim Strandbummel auch mal Sand ins Gesicht peitscht. Oder beim Radfahren, wenn man trotz der flachen Landschaft nur im ersten oder zweiten Gang vorankommt. Steigungen hingegen muss man hier nicht fürchten: Die höchste Erhebung Ostfrieslands misst ganze 24 m und ist eine Düne auf Norderney.

Dünen am Südstrand von Norderney (unten) – Eine alte Dampflok zieht die Kleinbahn auf Borkum (ganz unten)

Land des weiten Himmels

Doch Berge und Hügel wird derjenige, der zwischen Elbe und Ems Urlaub macht, kaum vermissen, denn hier gibt es etwas Einmaliges. Es scheint, als

> *»Ich liebe das Meer wie meine Seele. Oft wird mir sogar zu Mute, als sei das Meer eigentlich meine Seele selbst.«*
>
> *Heinrich Heine*

wäre der Himmel weiter, wenn das Land so platt ist, dass mehr als 80 % des Sichtfeldes aus Himmel besteht und ein unglaubliches Licht hervorgezaubert wird. Mal ist das Firmament grau, mal tiefblau und fast immer mit Wolken bedeckt. Das ist der Himmel über Ostfriesland, der gern mal Wolkenlöcher und Inselhochs hervorbringt.

Ach, die Inseln! Wen überkommt nicht das Meerweh, wenn er Namen wie Spiekeroog, Juist oder Borkum hört? Sie erstrecken sich einer Perlenkette gleich vor der Küste und locken mit ihren Sandstränden und der vielfach entschleunigten, autofreien Umgebung jedes Jahr mehr als 1,4 Mio. Gäste an. Für die meisten fängt dabei schon auf der Fähre der Urlaub an: wenn der Blick durchs Bullauge schweift, der Dampfer seinen Weg schaukelt und spätestens auf dem Inselhafen die Zeit etwas langsamer verstreicht als auf dem Festland.

Doch es müssen gar nicht immer die Inseln sein. Ostfriesland und seine Umgebung, also das östliche Friesland, Wangerland, der Jadebusen und Cuxhaven üben auch auf dem Festland einen besonderen Reiz aus. Vor allem für diejenigen, die kleine Häfen mit bunten Fischkuttern und Kleinstadtflair mögen. Sie sind genau richtig in den Sielorten wie Carolinensiel, Harlesiel und natürlich Greetsiel, dem Touristenmagnet des Festlandes.

Baltrum liegt genau in der Mitte der Kette der sieben größeren Ostfriesischen Inseln

Gelassen und bescheiden

Das Krabbenkutterstädtchen Greetsiel mit seinen Zwillingswindmühlen und dem Kopfsteinpflaster, das vor den alten Backsteinhäusern bis zum Hafen die Schritte klacken lässt, ist schon längst kein Geheimtipp mehr, ebenso wenig wie der nahe gelegene gelb-rot gestreifte Leuchtturm von Pilsum, ein Postkartenmotiv, das inzwischen zu den Wahrzeichen des Landes gehört. Eher wenig bekannt hingegen ist Leer als Ausflugsort – eigentlich zu Unrecht, denn mit ihrem Hafen, den hübschen Backsteinfassaden, den schmalen Gassen und den ungewöhnlichen Läden zählt die Kreisstadt sicher zu den Höhepunkten der Region.

Sicher kein Geheimtipp mehr sind Wattwanderungen, die ebenso zum Besuch an der Nordseeküste gehören wie das Krabbenbrötchen oder die Radtour durch die Fehnlandschaft mit ihren Hängebrücken und Kanälen.

Auch Städte wie Emden und Aurich haben ihren Reiz mit ihren verträumten Häfen und dem unaufgeregten Kleinstadtleben. Wer es größer und weiter haben möchte, reist nach Wilhelmshaven und genießt das Flair der großen, weiten Welt: mit den Containerschiffen, die nicht nur Computer, Bananen und Kinderspielzeug bringen, sondern jede Menge Fernweh.

Die Witze über sich nehmen die Menschen zwischen Emden und Wilhelmshaven ebenso gelassen wie ihr wechselhaftes Wetter. Sie wissen genau, was sie auf dem Kasten haben, gehen damit aber keineswegs hausieren. Bescheidenheit gehört eben auch zum Nordisch-by-nature-Charakterzug, eine Gelassenheit, die vielleicht auch nach dem Urlaub noch ein Stück zu Hause nachwirkt.

Größte Stadt *Emden (49 600 Einw.)*

Sprache *Ostfriesisches Platt*

Fläche *(Ostfriesland) 3144,26 km²*

Verwaltung *Ostfriesland im engeren Sinne umfasst die kreisfreie Stadt Emden sowie die Landkreise Aurich, Leer und Wittmund.*

Einwohner *(Ostfriesland) 466 000*

Religion *knapp 90 % Christen (74 % davon evangelisch)*

Höchste Erhebung *24,4 m (Düne auf Norderney)*

Gezeitenunterschiede *In Emden etwa 3 m im Durchschnitt*

Tourismus *Jährlich über 7 Mio. Übernachtungen*

Wichtigste Vokabel *»Moin« (Hallo – geht zu jeder Tageszeit)*

Oft gehörter Ausspruch *»Eala frya Fresena« – »Seid gegrüßt, freie Friesen«*

Darin sind die Ostfriesen Weltmeister *Im Teetrinken*

Das lieben alle Ostfriesen *Trockenen Humor*

Berühmteste Ostfriesen *Otto Waalkes, Tamme Hanken, Wolfgang Petersen*

Besondere Bräuche *Eiertrullern (zu Ostern), Boßeln und Klootschießen (Sport), Knochenbrecher (besondere Form des Heilpraktikers)*

Das will ich erleben

Große Weite und plattes Land – das ist nur eine Seite der niedersächsischen Nordseeküste. Neben der landschaftlichen Schönheit wartet die Region aber auch mit vielen Kulturschätzen, kulinarischen Genüssen oder romantischen Häfen auf. Ihren Rang als Familienreiseziel hat sie dabei längst gefestigt, nicht selten kommen sogar Opa und Oma mit in den Urlaub. Nicht nur für die Kleinen ist es dann spannend, Leuchttürme oder Windmühlen zu besuchen oder Krabbenkutter zu inspizieren.

Kulturschätze zwischen Küste und Meer

Kultur an der Nordseeküste hat viele Gesichter: Da sind die wohlklingenden, prächtigen Orgeln auf der einen Seite und Touren im Lachbus durch die Landschaft auf der anderen Seite. Dass sie Spaß verstehen, die Ostfriesen, hat nicht zuletzt Otto Waalkes bewiesen, dem in Emden ein eigenes Museum gewidmet ist.

Höhepunkte der Natur

Nach Ostfriesland fährt man der Natur wegen. Die flache Küstenlandschaft zeigt sich dabei äußerst abwechslungsreich: Durchzogen von Entwässerungsgräben und Mooren hat sich ein Naturraum erhalten, in dem sich nicht nur Kühe und Schafe wohlfühlen, sondern auch viele Vögel. Vor allem im Frühling und Herbst, wenn die Zugvögel kommen, kann man einzigartige Schauspiele bestaunen.

Shoppingfreuden: mehr als Souvenirs

Wo im Winter die Tage kurz sind und die Zerstreuung der Städte weit entfernt, entsteht alte Handwerkskunst. Manches hat sich über Jahrhunderte gehalten, anderes ist neu hinzugekommen, und so wartet die niedersächsische Nordseeküste mit einer bunten Mischung an Einkaufsmöglichkeiten für die ganze Familie auf.

Kulinarik: einfach und lecker

Von wegen, sie können nur Fisch: Die Menschen zwischen Emden und Cuxhaven haben eine erstaunliche Vielfalt an Genüssen für den Gaumen zu bieten. Auf den Inseln isst man gerne Pudding und Milchreis, und der Tee ist natürlich das Nationalgetränk. Und dann bleibt da noch der Fisch, der vielseitig und köstlich zubereitet wird.

Wattwanderungen vom Feinsten

Wer die Nordsee richtig erleben will, muss sich mindestens einmal auf eine Wattwanderung begeben. Ob auf den Inseln oder in den Sielorten am Festland, Möglichkeiten gibt es fast überall, die »Small Five« der Nordsee aufzuspüren. Doch manche Touren sind besonders schön.

Abenteuer für die ganze Familie

Mit den Kindern am Grünstrand liegen oder stundenlang durchs Watt laufen und den Würmern beim Graben zuhören gehören zu den Standardaktivitäten an der Nordsee. Doch es gibt auch viel Informatives und reichlich Action.

Die schönsten Cafés

Aufs Meer blicken und eine Friesentorte naschen oder mit dampfendem Tee die Gärten genießen – was den Bayern die Biergärten, sind den Friesen ihre Cafés. Sie befinden sich überall: im alten Herrenhaus, in einer umgebauten Mühle, in Pavillons am Strand oder mitten in der Stadt.

Die wunderbarsten Strände

Die Nordseeküste ist geprägt von Grünstränden. Wer es einmal erlebt hat, weiß es zu schätzen, sich auf dem Rasen zu sonnen anstatt im krümeligen Sand. Doch es gibt auch wunderbare Sandstrände, vor allem auf den Inseln.

Hoch hinaus: aufregende Türme

Der schiefste Kirchturm der Welt oder ein gelb-weiß geringelter Leuchtturm – Ostfriesland ist auch das Land der Türme. Nicht alle haben Panoramaterrassen, machen sich aber dennoch gut als Fotomotiv in der Landschaft.

33

Hafenidylle: weltoffen bis gemütlich

Wer an der Nordsee ist, sollte mindestens einmal rauf aus Wasser – am besten mit dem Schiff oder Boot. Während in Dithmarschen die Fähren nur wenige Minuten brauchen, ist der Ausflug nach Helgoland mindestens eine Tagestour. Ob eine Fähre oder kleines Kanu, der Entspannungsfaktor auf dem Wasser ist hoch.

29

Sonnenuntergangs-Hotspots

Die Nordseeküste mit ihrer West-Ausrichtung gen Meer ist perfekt für schöne Sonnenuntergänge. Doch einige Plätze eignen sich besser als andere.

11

Unterwegs

Durch Norderneys Dünen reiten – das ist ein Traum. Der Rücken der Pferde ist sicher die erhabenste Möglichkeit, die Insel zu erkunden, doch zu Fuß oder mit dem Rad ist es fast genauso schön.

Ostfriesische Inseln

Ostfrieslands Inseln präsentieren sich als Sandkisten der Region. Sie verfügen über die schönsten Strände und oftmals einsame Weite

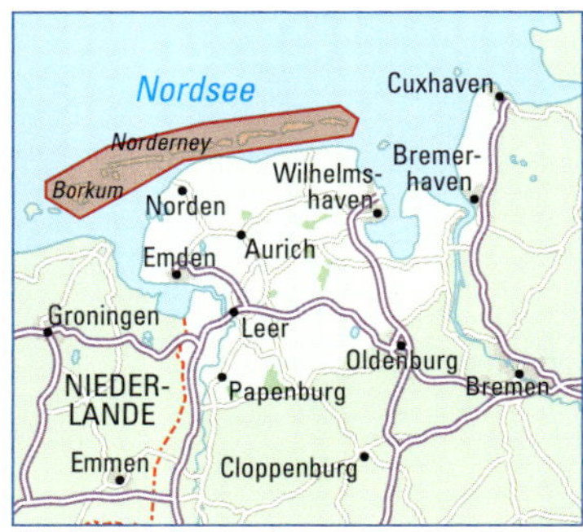

Wie eine Perlenkette liegen sie vor dem Festland und bilden eine Barriere gegen Sturm und Flut: Die Ostfriesischen Inseln sind ein wichtiger Küstenschutz – und wohl die beliebteste Ferienregion Ostfrieslands. Während auf manchen Inseln wie etwa Spiekeroog nur etwa 800 Menschen wohnen, übersteigt die Touristenzahl die Einheimischen um ein Vielfaches: Ungefähr 65 000 Menschen machen jedes Jahr auf der Insel Urlaub. Während Spiekeroog sich ein dörfliches Flair erhalten hat, geht es auf manchen anderen Ostfrieseninseln deutlich urbaner und trubeliger zu. Und gerade das macht den Charme der Inseln aus, die, so scheint es, für jeden Geschmack das passende Eiland liefern können. Doch eines haben sie alle gemein: Sie sind klein und übersichtlich und meist auch autofrei. Das Fahrrad ist hier Fortbewegungsmittel Nr. eins oder gar die eigenen Füße. Es gibt vieles zu erkunden, kleine Läden, hübsche Theater, Kneipen mit Kultstatus und vor allem ganz viel Natur zwischen Dünen und Meer. Übrigens: Wer sich die Reihenfolge der Inseln nicht merken kann, vielleicht hilft diese Eselsbrücke weiter: »Blaue Jungs Niesen beim Leuchtturm stets westwärts« beschreibt die Kette aus Borkum, Juist, Norderney, Baltrum, Langeoog, Spiekeroog und Wangerooge.

In diesem Kapitel:

ADAC Top Tipps:

Strandpromenade und Musikpavillon, Borkum
| Promenade |

Die Promenade ist ein beliebter Platz zum Sehen und Gesehenwerden. Hier lässt es sich mit herrlichster Aussicht wunderbar flanieren. 19

Juister Strand
| Strand |

Manchmal dauert es eine ganze Reihe von Minuten, bis man von der Promenade den Wellensaum erreicht hat. Der Strand auf Juist gehört zu den schönsten Deutschlands. 25

Weiße Düne, Norderney
| Landschaft |
Das andere Ende der Insel ist einsam, weitläufig und wild – an der Weißen Düne steht man mitten in der wilden Landschaft und findet doch ein beliebtes Restaurant vor. 32

ADAC Empfehlungen:

Domäne Bill, Juist
| Café |
Rosinenstuten genießen, das Feuer prasselt im Ofen, und vor der Tür liegt die einsame Spitze der Insel. 27

Wattwanderung mit Heino, Juist
| Exkursion |
Er kann Geschichten erzählen wie kaum ein anderer: Wattführer Heino ist ein echtes Ostfriesenoriginal. 27

Kurtheater, Norderney
| Architektur |
Plüschig rot und gold präsentiert sich das Kurtheater in edler Form und verweist auf die lange Tradition der Insel als königliches Bad. 30

bade:haus, Norderney
| Wellnesszentrum |
Ein Spa der besonderen Art ist das Badehaus in Norderney, das nicht nur mit seiner Bauhaus-Architektur überzeugt, sondern vor allem mit den einzigartigen Wasseranwendungen. 35

Ortskern von Spiekeroog
| Gebäudeensemble |
Dass Nordseeinseln auch lieblich sein können, beweist das Dorf von Spiekeroog mit seinen alten Häusern und hohen Bäumen. Landidylle pur. 41

1 Borkum

Seehunde, Walfänger und wunderschöne Sandstrände

Die obere und untere Strandpromenade mit dem Kurpavillon am Strand von Borkum

Information

■ Nordseeheilbad Borkum, Goethestr. 1, 26757 Borkum, Tel. 049 22/93 30, www.borkum.de

Sind Sie schon einmal mit einem Akkordeon spielenden Einheimischen durchs Watt gewatet? Auf Borkum gibt es Wattwanderungen, mit denen musizierend über den verebbten Meeresboden gewandert wird. Zwischendurch erklärt der Mann mit dem roten Vollbart, warum der Urlaub hier so erholsam ist. Die westlichste der Ostfriesischen Inseln liegt ganze 30 km entfernt. Allergiker atmen im Hochseeklima voll durch, die Insel ist pollenfrei. Selbst Heimatkunde macht auf Borkum Spaß, wo sonst erfährt man etwas über einstige Walfänger in Deutschland?

Sehenswert

Leuchttürme

| Architektur |

Mal rund, mal eckig, mal geringelt, mal backsteinfarben: Die drei Leuchttürme gehören sicher zu Borkums beliebten Sehenswürdigkeiten. Da wäre zum einen der braungraue Neue Leuchtturm (Strandstr. 28). Er steht fast mitten im Zentrum und weist noch heute den Schiffen in der Emsmündung den Weg.

Plan S. 21 

308 Stufen sind es bis zu seiner Besucherplattform, die einen schönen Blick über das Wattenmeer offenbart.

Der Alte Leuchtturm (Kirchstraße) stammt aus dem Jahr 1817 und ist 62 Jahre älter als der Neue Leuchtturm. Genau genommen ist er auch ein Kirchturm, der auf den Resten einer uralten Kirche, die wohl schon ins 14. Jh. zurückreicht, errichtet wurde. Er thront heute über dem Walfängerfriedhof der Insel und ist nicht zugänglich.

Das dritte Leuchtfeuer am Südstrand (Süderstr. 79 B) wurde 1891 errichtet und trägt das typische rot-weiß geringelte Antlitz. Bei diesem elektrischen Leuchtturm gleitet das Licht über das Meer und warnt die Schiffe vor dem beginnenden Land. Er ist 27 m hoch.

■ Neuer Leuchtturm: März–Mai, Okt. Mo, Di, Do–Sa 11–16, Juni–Sept. tgl. 10–17, Feb. Sa, So 14–16, Nov., Dez. Mi, Sa, So 14–16 Uhr, 3 €, Kinder 2 €

2 Strandpromenade und Musikpavillon

| Promenade |

Hier trifft man sich, es ist ein Sehen und Gesehenwerden

6 km erstreckt sich die Meile zwischen dem Südteil und dem Norden der Inselstadt. Die Küste ist nicht nur mit Beton gegen Sturmfluten gesichert, sondern wurde so eingerichtet, dass sie wie eine große Arena zum Sitzen einlädt. Den Blick schweifen lassen und das Meer genießen! Für Kinder liegen viele Spielmöglichkeiten auf dem Weg. Höhepunkt ist der Musikpavillon, der schon seit 100 Jahren mit schönen Klängen den Promenadengang versüßt.

3 Seehundbank

| Naturereignis |

Sie scheinen den ganzen Tag zu dösen und faul die Sonne zu genießen: Die Seehunde vor Borkum gehören zu den Sehenswürdigkeiten der Insel. Damit die Tiere ihre Ruhe vor den Menschen haben, ist die Sandbank gesperrt, im Nationalpark-Schiff werden Führungen zu den Seehundbänken angeboten.

4 Nationalpark-Schiff Borkumriff

| Museumschiff |

Feuerrot leuchtet der Bug am Hafen von Borkum: Was heute als Nationalpark-Schiff und Informationszentrum über das Wattenmeer fungiert, war bis 1988 als Feuerschiff als mobiler Leuchtturm auf dem Meer unterwegs.

■ Am Neuen Hafen 9, Tel. 049 22/20 30, Mitte März–Okt. Di–So 9.45–17.15, in der Saison auch Mo, Nov.–Mitte März Di, Do, Sa 10.45–16.45 Uhr, 3,5 €, Kinder 2,50 €

5 Heimatmuseum Dykhus

| Museum |

Die Kinnknochen an der Gartentür des Museums weisen schon darauf hin – im Heimatmuseum geht es auch um den Walfang auf Borkum. Das Haus klärt nicht nur über die Walfangvergangenheit auf, sondern zeigt auch liebevoll restaurierte Wohnräume im ostfriesland-typischen Stil eines Gulfhauses.

■ Roelof-Gerritz-Meyer-Str. 8, www.heimatverein-borkum.de, April–Nov. Di–So 10–17, Jan.–März Sa, So 14–17 Uhr, 5 €, Kinder bis 15 J. 2,50 €

6 Walfangzaun

| Architektur |

In der Wilhelm-Bakker-Straße kann man noch erkennen, wie früher die Zäune auf Borkum ausgesehen haben: Die Grundstücksumrandung ist aus Knochen und Kinnladen der großen Meeressäuger hergestellt worden.

■ Wilhelm-Bakker-Straße

Hoge Hörn

| Naturerlebnis |

Ab durch die Salzwiese heißt es am Ostkap der Insel. Der Weg zum Traumstrand führt am besten mit dem Fahrrad durchs Naturschutzgebiet und ist am Ende auch strengstens geschützt, denn das abgelegene Stück Sand bieten Tausenden von Vögeln ein Revier.Strandläufer, Säbelschnäbler oder Uferschnepfen sind dort häufig zu sehen.

8 Nordsee Aquarium

| Aquarium |

Die vielen kleinen und größeren Lebewesen, die sich in der Nordsee mit ihrer faszinierenden Artenvielfalt verbergen, macht das Aquarium auf Borkum sichtbar. In den 16 Becken wohnen Katzenhaie, Heringe, Austern, aber auch Würmer. Besonders niedlich sind die Nagelrochen, an deren Unterseite tatsächlich ein Gesicht erkennbar ist.

■ Von-Frese-Str. 46, Tel. 049 22/93 37 44, www.nordsee-aquarium.de, Pfingsten–Juli, Sept.–Okt. Di–So 10–17, Juli, Aug. tgl. 10–17, Nov.–Dez. Mo, Mi, Sa, So 11–16 Uhr, 4,50 €, Kinder bis 15 J. 3,50 €

Tüskendörsee

| Naturschauspiel |

Borkums einziger See steht unter strengem Naturschutz und ist ein Reservat für zahlreiche Vögel, u. a. für den Löffler. Der See ist nur im Rahmen einer geführten Tour zu erkunden, die im Nationalpark-Schiff buchbar ist.

■ Östl. des Flughafens

10 Strände

| Küstenstreifen |

Borkum hat weite, schöne Strände. Viele liegen in der Nachbarschaft der Promenade. Etwa der Strand am Nordbad. Er ist besonders bei Familien beliebt, da das vorgelagerte Borkumriff die starke Brandung abhält und so seichte Bedingungen schafft. Östlich davon erstreckt sich der Jugendstrand, an dem Teenies nicht nur ihre Musik voll aufdrehen, sondern auch Beachvolleyball und Co. spielen können. Am Südbad locken Strandkörbe, Milchhäuschen und sogar ein Hundestrand. Wer es lieber hüllenlos mag, der radelt gen Flughafen, dort befindet sich der FKK-Strand der Insel.

Borkum
Osterems
Nordstrand
Kobbedünen
Olde Dünen
Sternklippdünen
Hooge Hörn
De Hahlingtjes
Hornsbalje
OSTLAND
Tüskendör
Tüskendörsee
Flugplatz
Strände
Norddünen
Neuer Leuchtturm
WESTLAND
Walfangzaun
Alter Leuchtturm
Heimatmuseum Dykhus
Seehundbank Hohes Riff
Strandpromenade und Musikpavillon
Borkum
Binnenweide
Hopp
Nordsee Aquarium
Elektrischer Leuchtturm
Woldedünen
Süddünen
Kleinbahn
Greune Stee
N O R D S E E
Reede Borkum
Fähranleger
Nationalpark-Schiff Borkhumriff
Randzelgatt
Südstrand
Fischerbalje
0 1 km

ADAC Mobil

Sie ist die älteste deutsche **Inselbahn**: Vom Fähranleger Borkum bis zum Bahnhof können Urlauber mit der Kleinbahn tuckern. Von der einstigen Pferdebahn aus dem Jahr 1879 sind heute nur noch 7,5 km Strecke übrig geblieben. Besonders beliebt ist die Dampflok aus dem Jahr 1940, wegen ihres Aussehens auch »Schweineschnäuzchen« genannt, oder aber die Fahrt mit dem luxuriösen Jugendstil-Salonwagen. Und wer noch nicht genug bekommen hat, bucht den Ein-Tages-Kurs zum Ehren-Dampflokomotivführer. *Am Georg-Schütte-Platz 8, Tel. 049 22/30 90, www.borkumer-kleinbahn.de, Preise im Fährticket inbegriffen*

Parken

Parken kostet kurzzeitig auf Borkum 0,50 € pro Stunde. Wer sein Auto länger stehen lassen kann, wählt einen Langzeitparkplatz für 2 €/Tag. Umweltfreundlichkeit wird auf Borkum belohnt: Wer mit dem Elektroauto anreist, parkt kostenfrei in den speziell ausgewiesenen Parkzonen.

Restaurants

€€ | **Bauernstuben** Klassisches Ausflugslokal mit schönem Garten und typisch nordischer Hausmannsküche, etwa Spiegelei mit Krabben oder Waffeln. Kinderfreundlich, mit Streichelzoo und Spielplatz: perfekt für Eltern, die ihre Kinder toben lassen möchten. ■ Ostland 3, Tel. 049 22/35 04, www.hauptsachen.de, tgl. 10–21 Uhr, Plan S. 21, c2

€€ | **Klein & Fein** Als Genussmanufaktur bezeichnet sich dieser Betrieb, der mit einer kleinen Speisekarte und ständig wechselnden Gerichten arbeitet, anstatt alles immer parat zu haben. Dafür verspricht er frische Zutaten und per Hand Zubereitetes. Das Ambiente ist modern. ■ Fauermannspad 16, Tel. 049 22/79 35, www.genussmanufaktur-borkum.de, Plan S. 21, b3

Cafés

Omas Borkumer Teestübchen Die Windbeutel sind Pflicht: Das Borkumer Teestübchen hat sich Altes bewahrt und setzt voll auf Nostalgie. Man sitzt auf alten Sofas, Möbel und Dekor sind verschnörkelt. Dazu gibt's eine große Auswahl an Tee. ■ Bahnhofspfad 3, Tel. 049 22/99 01 62, www.omas-teestuebchen.de, tgl. 11–18 Uhr, Plan S. 21, b2

Lüttje Toornkieker In der ehemaligen Borkumer Fischhalle befindet sich dieses Restaurant, dessen Mittagstisch nicht nur ständig wechselt, sondern auch vegane Varianten aufweist. Auch für Frühstück und Kaffee lohnt sich der Besuch, von der Terrasse aus schweift der Blick auf den Neuen Leuchtturm. ■ Wilhelm-Bakker-Str. 1, Tel. 049 22/932 89 30, www.toornkieker.de, tgl. 11–19 Uhr, Plan S. 21, b2

Einkaufen

Knobelkiste Denksport vom Feinsten bietet die Knobelkiste, ob als Puzzle, Würfel oder Gesellschaftsspiel – hier darf ausprobiert werden. Ideal, um sich ein schönes Spiel für Regentage zu suchen. ■ Franz-Habich-Str. 21, Tel. 049 22/923 48 03, www.kiekenundkopen.de, Mo–Fr 10–12.30, 15–18, Sa 10–12.30 Uhr, im Winter kürzer, Plan S. 21, b2

Bühne

Kulturinsel Ob Shantychor oder Kabarett – die Kulturinsel ist der Platz für Veranstaltungen. Sogar Puppentheater oder Lesungen stehen auf dem Programm, auch ein Kino gibt es. ■ Goethestr. 25, Tel. 04922/9330, Plan S. 21, b3

Kinder

Spielinsel Bobby-Car-Parcours, Kletternetz oder Bällebad sind eher was für die Kleinen, die sich austoben möchten. Dazu gibt es Minigolf, Billard oder Brettspiele. In der Saison wird zusätzlich ein Animationsprogramm organisiert. ■ Westerstr. 35, Tel. 04922/933730, Mo–Fr 10–17.30, Sa 10–16, Nov.–März Mo–Fr 13–18, Sa 10–16 Uhr, Juni–Okt. auch So bei Dauerregen 14–17 Uhr, Plan S. 21, b3

Erlebnisse

Nordseekletterpark In Nachbarschaft zum Schwimmbad können Kinder und Erwachsene Mutproben machen und ihre Geschicklichkeit trainieren. ■ Goethestr. 25, Tel. 04922/9234077, www.nordseekletterpark.de, in der Saison 10–18 Uhr, sonst eingeschränkt, 22 €, Kinder bis 12 J. 17 €, bis 18 J. 19 €, Plan S. 21, b3

Sport

Borkum ist ein beliebtes **Surf- und Kitesurfrevier.** Zwei Surfschulen weisen in die Kunst ein: World of Wind (www.worldofwind.de) und Windsurfing Borkum (www.windsurfing-borkum.de).

Entspannung

Gezeitenland Das Meerschwimmbad ist zugleich der Wellnesstempel der Insel: Dort saunieren Besucher, lassen sich bei einer Massage durchkneten oder bei der Thalasso-Algenpackung entschlacken. Es gibt sogar Sonnenuntergangs-Saunieren. Familien locken eher die vielen Becken für das Baby bis zum Senior. ■ Goethestr. 27, Tel. 04922/933600, tgl. 10–18.30 Uhr, 2 Std. Bad 7,50 €, Kinder bis 15 J. 5 €, Plan S. 21, b3

Langsam tuckelt die Kleinbahn vom Fähranleger bis zum Bahnhof von Borkum

2 Juist

Verwunschene Trauminsel im Watt mit wunderbaren Stränden

Information

■ Kurverwaltung Juist, Strandstr. 5, 26571 Juist, Tel. 049 35/80 98 00, www.juist.de

Dieser Strand! 17 km feinster Zuckersand umgibt die Insel Juist, manchmal so breit, dass man lange wandern muss, um an den Meeressaum zu gelangen. Juist ist die Sandbank der Ostfriesischen Inseln und zählt zu den Trauminseln in Europa. Die autofreie Ostfriesin aber hat mehr zu bieten, als nur Sand, es gibt sogar einen Süßwassersee, einen Zauberwald und ganz viel Platz für schöne Radtouren. Denn per Rad lässt sie sich am besten erkunden, die verwunschen-schöne Insel, die sich selbst auch Töwerland – Zauberland – nennt. Nicht ohne Grund, denn alles ist hier ein wenig anders, sogar die Müllabfuhr, die hier mit der Pferdekutsche daherkommt.

Sehenswert

Nationalparkhaus

| Museum |

Der Sand knirscht unter den Füßen, ein Walskelett ist zum Greifen nahe: Das Nationalparkhaus auf Juist bringt die Themen der Nordsee zum (Be-)Greifen nahe. Das Skelett des Zwergwals, der 2001 an den Juister Strand gespült wurde, beeindruckt mit seinen 9 m Länge.

■ Carl-Stegmann-Str. 5, Tel. 049 35/15 95, Mitte März–Nov. Di–Fr 9.30–12.30, 15–18, Sa, So 15–18 Uhr

Memmertfeuer

| Leuchtturm |

Im Jahr 1992 einen Leuchtturm zu bauen, der Nostalgie wegen, das kann nur ein Liebhaberstück sein. Tatsächlich wollten die Juister das Leuchtfeuer, das 1986 von der Insel Memmert abgebaut

Das spektakuläre Kurhaus von Juist ist auch als »Weißes Schloss am Meer« bekannt

worden war, nicht verschrotten, doch als Seezeichen durften sie es auch nicht nutzen. Also bauten sie einen neuen Turm, dessen Licht nun quer über die Insel leuchtet.

■ Bahnhofstraße, Tel. 049 35/80 92 07, in der Sommersaison kann der Turm bestiegen werden, Spende erwünscht

Promenade mit Aussichtsplattformen

| Flaniermeile |

Zu jeder Tageszeit ist sie schön – die Promenade von Juist. Dort hat man das Gefühl, direkt durch die Dünen zu wandeln. Das Schönste sind die Aussichtsplattformen, von denen aus sich ein direkter Panoramablick aufs Meer bietet.

Kurhaus

| Veranstaltungsort |

Das Kurhaus der Insel (1897) war jahrelang eine Problemimmobilie. Bis es schließlich 1995 zu einem exklusiven Hotel umgebaut wurde. Einzigartig ist wohl die gläserne Kuppel, die architektonisch eine Brücke zum Reichstag nach Berlin schlägt. Dort befindet sich ein Café, das für Gäste der Kaminbar des Hauses zugänglich ist. Ein wunderbarer Platz bei Sonnenuntergängen.

■ Strandhotel Kurhaus Juist, Strandpromenade 1, Tel. 049 35/91 60, www.strandhotel-kurhaus-juist.com

Juister Strand

| Strand |

Der lange, breite Sandstrand fasziniert nicht nur Familien

Der Strand von Juist, der sich vor der Promenade erstreckt, ist weit, lang, groß und perfekt für das abendliche Sonnenuntergangskino. Ein echter Traumstrand mit seinem feinen weißen Sand und den schützenden Dünen. Und wenn es zu sehr windet, kann man schnell in den Strandkorb entfliehen.

Goldfischteiche

| Naturdenkmal |

Der Biologe und Pädagoge Otto Leege hatte Anfang des 20. Jh. so manche Verschönerungsidee für die Insel, u. a. legte er diese Goldfischteiche an, die heute wieder in ihrer ursprünglichen Schönheit erstrahlen und als renaturierte Biotope ein perfekter Platz zum Ausspannen sind.

Küstenmuseum im Loog

| Museum |

Dass die Ostfriesischen Inseln nicht älter als 2000 Jahre sind, also erdgeschichtlich gesehen noch sehr kleine Kinder, das erfahren Besucher im Küstenmuseum. In einer umfangreichen Sammlung aus Schautafeln, Alltagsgegenständen und technischem Equipment lernen Gäste viel über die Inselgeschichte, Sturmfluten und die Entwicklung des Tourismus.

■ Loogster Pad 29, Tel. 049 35/14 88, www.kuestenmuseum-juist.de, März–Okt. Mo 9.30–13, Di–Fr 9.30–13, 14.30–17.30, So 14.30–17, Nov.–März Di, So 14.30–17 Uhr, 3 €, Kinder 1,50 €

Hammersee

| Landschaft |

Der Hammersee ist der größte Süßwassersee der Ostfriesischen Inseln und Schutzraum für zahlreiche Tiere wie Austernfischer, Fasane oder Schnepfen aber auch Bisamratten. Und er ist die einzige Süßwasserlinse der Ostfriesischen Inseln. Das angrenzende Wäldchen mit seinen knorrig gewachsenen Bäumen ist ein ganz besonderes Stück Natur, in dem sich mit etwas Glück sogar ein Reh blicken lässt.

Bill

| Insel |

Auf Juist einfach ein Muss: ein Ausflug zur Bill. Eigentlich ist die gesamte Insel eine einzige Sandbank, aber die Bill ist ein einzigartiger Platz, ein Sandriff am Westende, das den Eindruck unendlicher Weite vermittelt. Am Anfang des Weges zur Bill steht ein Container für aufgesammelten Plastikmüll, also hinwandern und einfach drei Stücke Plastik mitnehmen und dort entsorgen.

■ Westende der Insel

Verkehrsmittel

Die meisten Urlauber kommen per **Fähre** nach Juist. Sie ist tideabhängig und läuft Juist deswegen nur zweimal am Tag an, morgens und nachmittags, die Zeiten wechseln, so wie die Wasserstände der Nordsee eben. Reederei Frisia, Tel. 04931/9870, www.reederei-frisia.de, die Fahrt kostet 34 €, Kinder 17 € (hin und zurück). Direkt am Fährhafen befindet sich der **Bahnhof** Norddeich Mole, von dort kann man bequem auf das Schiff umsteigen. **Flüge** nach Juist kosten 88 € (Kinder bis 12 J. 25 €, ab 12 J. 51 € hin und zurück), buchbar ab Norddeich über die Inselflieger (Tel. 04931/93320, www.inselflieger.de).

Auf Juist geht man zu Fuß oder fährt mit der **Pferdekutsche**, wer selbstbestimmt reist, leiht sich ein **Fahrrad** samt notwendigem Zubehör wie Kindersitz, Lauflernräder, Hundekörbchen oder Anhänger. Es gibt auch E-Bikes und Fat-Bikes. Im Dorf bieten viele Verleihstationen Räder an, ab 8 € pro Tag etwa bei Juist Pirates Bike Center, Mittelstr. 7b, Tel. 04935/1894, www.fahrrad-juist.de. Das Pferdetaxi kostet vom Flughafen Juist in den Ort 14 €, Kinder 8 €, Hunde 8 € (Tel. 04935/664, www.huf-juist.de).

ADAC Spartipp

Wer am Fährterminal und am Flughafen seinen Gästebeitrag gleich entrichtet, bekommt die **Töwer-Card**. Mit der Juister Gästekarte ist nicht nur der Eintritt ins Meerwasserbad für 1,5 Std. gratis, sondern auch Kinderanimation, Strandsport, Wanderrucksack, Bestimmungsbücher oder Geocaching.

Restaurants

€€ | Küchenwerkstatt Scholle oder Steinbutt, Veggie-Burger oder Süßkartoffelgerichte – die Küchenwerkstatt im Zentrum von Juist interpretiert alte Klassiker neu und räumt auf den Tellern auf. Das Essen kommt klar und hübsch angerichtet daher. ■ Strandstr. 1, Tel. 04935/9212002, www.küchenwerkstatt-juist.de, 11–23 Uhr

€€€ | ForkenHannes Ein Kellerrestaurant mit Pfiff: ForkenHannes beweist, dass es für moderne, leichte Küche nicht viel mehr braucht als gute Ideen und ausgewogene Zutaten. Auf der Speisekarte stehen Klassiker wie Labskaus und Matjes, aber auch vegane Gemüsepfannen. ■ Gräfin-Theda-Str. 3, Tel. 04935/1007, www.forkenhannes.de, Mo–Sa 12–14, 17–22 Uhr

Cafés

Lütje Teehuus Versteckt hinter Heckenrosen liegt dieses Backsteinhaus, aus dem schon von Weitem der süße Geruch von Waffeln hervordringt. Verlockend – und alles andere als ein Geheimtipp, also Wartezeiten einplanen. ■ Dünenstr. 2, Tel. 04935/8402, tgl. 11–22 Uhr, im Winter kürzer

1 **Domäne Bill** Eine dicke Scheibe Rosinenstuten, Butter und eine Tasse Tee – am besten besucht man die Domäne Bill bei Regen, denn dann sitzt man dort nicht nur wundervoll, sondern es ist auch relativ leer. Der Kamin knistert angenehm, und das Regentropfenkino an den Fensterscheiben entspannt herrlich. Mit Selbstbedienung. ■ Domäne Bill 1, Tel. 049 35/12 12, April–Okt. Do–Di 11–17 Uhr

Kinder

TöwerVital heißt das Meerwassererlebnisbad auf Juist. Es sorgt für Spaß, selbst wenn es einmal regnet. Dort gibt es auch Babyschwimmen und Schwimmunterricht. Mit der TöwerCard ist es übrigens jeden Tag für eineinhalb Stunden kostenlos nutzbar.
■ Im Kurmittelhaus, auf der Düne, Tel. 049 35/80 98 63, in der Saison Mo–Fr 7.30–9, Sa 11–19, So 15–18.30 Uhr, Winter kürzer

Erlebnisse

Glasperlen bei Elfember selbst machen Das Haus Siebje gehört zu den ältesten der Insel und ist ein Künstlerhaus. Beate Striewe unterhält dort einen kleinen Laden mit feinen Handarbeitssachen und gibt Glasperlen-Workshops. Sie kosten ab 80 €. ■ Friesenstr. 19, www.elfember.de

ADAC Mittendrin

Dass es Elfen und Feen gibt, ist für Astrid Witschorke keine Frage. Die Elfenflüsterin führt auf ihrem **Elfenspaziergang** Gäste in die Welt der kleinen Wesen ein und nimmt sie mit auf einen ganz besonderen Spaziergang ins Wäldchen (buchbar bei der Tourismuszentrale).

2 **Wattwanderung mit Heino** Die Tour mit Heino zählt sicherlich zu den eindrucksvollsten Erlebnissen auf Juist. Der graue Schlickboden entpuppt sich schnell als Quelle für erstaunliches Leben mit Muscheln, Krebsen und Würmern. Heino Behring ist ein Inseloriginal und erzählt auf beeindruckende Weise, warum wir das Wattenmeer schützen sollen, und hat so manche Anekdote bereit. ■ Rosengang 1, Tel. 049 35/339, www.heino-juist.de

Wandern

Otto-Leege-Pfad Dieser Name wird Juist-Besuchern immer wieder begegnen: Otto Leege war ein Naturschützer und gilt als Vater der Vogelschutzinsel Memmert. Auch auf Juist hat er viele Spuren hinterlassen, etwa das Wäldchen anpflanzen lassen oder eben den Otto-Leege-Pfad ersonnen. Der 1 km lange Weg mit vielen Kunstwerken ist auf jeden Fall eine Wanderung wert.

In der Umgebung

Memmert und Kachelotplatte

| Inseln |

Das kleine Eiland vor Juist ist strenges Natur- und Vogelschutzgebiet, Brandgänse bauen dort ihre Nester, Säbelschnäbler suchen nach Nahrung. Ein Vogelwart behütet die Insel und bietet von August bis Oktober Führungen an. Buchbar im Nationalparkhaus, samt Überfahrt mit dem Schiff (ganztags, 40 €). Neben der Insel Memmert liegt die Kachelotplatte, eine Sandbank, die langsam zur Insel erwächst und damit Hochsand genannt wird. Man kann sie von der Bill aus sehen.

3 Norderney

Feine Sandstrände, urbaner Charme und einsame Orte

Dünenweg zum Nordstrand: Norderney punktet mit Sandstränden von 15 km Länge

Information

■ Tourist-Information im Conversationshaus, Am Kurplatz 1, 26548 Norderney, Tel. 049 32/89 19 00, www.norderney.de

Zwischen Juist und Baltrum liegt die Insel, die auch als Königin der Nordsee bezeichnet wird. Immerhin vermeldet sie den meisten Zuspruch unter den Touristen. Und das nicht ohne Grund. Auf Norderney findet sich alles – einsame Plätze ebenso wie Trubel, hervorragende Wellnessanwendungen, gehobene Küche, buntes Nachtleben und sogar ein eigenes Theater. Doch am schönsten sind die Strände, ob an der Weißen Düne oder stadtnah der Nordstrand. Ob Minigolf, echtes Golf, Reiten oder Surfen – der Insel fehlt es nicht an Angeboten, seine Freizeit zu gestalten. Tourismus hat auf Norderney Tradition, 1797 adelte der König von Hannover die Insel zum ersten deutschen Nordseeheilbad und richtete sich dort seine Sommerresidenz ein. Davon ist heute noch einiges zu spüren. Wer die Straßen entlangwandelt, findet immer wieder schöne Beispiele für die Bäderarchitektur der damaligen Zeit mit den hübsch verzierten Fassaden und Balkonen. Von den Ostfriesischen Inseln ist Norderney diejenige, auf der das quirligste Partyleben herrscht. Doch sie

Plan
S. 31

darauf zu reduzieren, würde ihrer Vielfalt und landschaftlichen Schönheit wirklich nicht gerecht.

Sehenswert

1 Bademuseum

| Museum |

Künstliche Wellen waren im Jahr 1931 noch etwas ganz Besonderes, vor allem, wenn sie 1,8 m hoch waren: Das Bademuseum der Insel zeigt Besuchern nicht nur die alte Wellenmaschine auf dem Außengelände, sondern im Inneren auch viele Objekte, um der Geschichte des ältesten Nordseebades auf die Spur zu kommen.

■ Am Westerstrand 11, Tel. 04932/935422, www.museum-norderney.de, Di–Fr 11–17, Sa, So 14–17 Uhr, 5 €, Kinder 3 € (bis 8 J. frei)

2 Rettungsboot-Museum

| Museum |

Schon 1872 wurde die erste Rettungsstation auf Norderney installiert. Das 9 m lange Rettungsboot »Fürst Bismarck« kann dort von innen besichtigt werden, spektakuläre Schiffsrettungen sind dokumentiert.

■ Am Weststrand 5, tgl. 15–17 Uhr

3 Fischerhaus-Museum

| Museum |

Wie mögen sie wohl einst gewohnt haben, die Fischer auf Norderney? Auf diese Fragen gibt das Fischerhaus-Museum Antwort, denn es zeigt alte Wohnräume der Insel mit dunklen, schweren Holzmöbeln und einfachen Öfen. Das Haus stammt aus dem Jahr 1800 und gibt Auskunft über das Ritual rund um den Ostfriesentee.

■ Weststrandstr. 1, Tel. 04932/82503, Mi, Do 15–17 Uhr, Teeführung extra buchbar

4 Watt Welten

| Museum |

Das Nationalpark-Haus informiert auf spielerische Weise Groß und Klein, warum das UNESCO-Welterbe Wattenmeer so schützenswert ist. Der Besuch der Dachterrasse mit dem dominanten Modell der Kornweihe ist eigentlich Pflicht. Kinder lassen es sich nicht nehmen, in das Stahlmodell zu krabbeln und mit den Seilen die Flügel zum Schwingen zu bringen.

■ Am Hafen 2, Tel. 049 32/20 01, www.nationalparkhaus-wattenmeer.de, März–Sept. tgl. 10–17, Okt.–Feb. Di–So 10–17 Uhr, 6 €, Kinder 3 €

5 Kurtheater

| Architektur |

Nostalgie pur in rotem Plüsch und unter goldenen Leuchtern

Roter Samt auf den Sitzen, geschwungene Architektur und Akzente in Gold und Weiß: Das Kurtheater gibt sich ganz im barocken Stil. Es stammt aus dem Jahr 1893 und kann bis zu 363 Besucher beherbergen. Heute ist es Spielstätte der Niedersächsischen Landesbühne und gilt als ältestes Theater Ostfrieslands. Es wird auch als Kino genutzt.

■ Am Kurtheater 4, Tel. 049 32/899 00

6 Conversationshaus

| Architektur |

In Ruhe einen Kakao auf den gemütlichen Sesseln trinken, schnell noch in der Touristeninfo Öffnungszeiten erfragen oder einfach nur lesen: Das Conversationshaus lässt alte Kurtraditionen wiederaufleben. Dort trifft man sich auf Norderney jenseits der Kneipenlandschaft. Einmalig ist die Bibliothek. Die Regale sind meterhoch, Kronleuchter hängen hübsch von den Decken. Wem ein Buch zu dick ist, der blickt in die Zeitung oder surft im Internet.

■ Am Kurplatz 1, Tel. 049 32/89 19 00, tgl. 9–22 Uhr, im Winter kürzer

7 Kap

| Architektur |

Das Wahrzeichen der Insel stammt aus dem Jahr 1848: Der sechseckige Turm sollte seinerzeit als Landmarke dazu dienen, die Gewässer um die Insel besser befahren zu können und Seeleuten bei der Navigation helfen.

8 Sternwarte Norderney

| Sternwarte |

Welches Sternbild welchen Namen trägt und gerade besonders gut zu sehen ist, darüber können sich Besucher bei der Wilhelm-Dorenbusch-Sternwarte schlau machen. Hobbyfotografen freuen sich über spezielle Workshops zur Nachtfotografie.

■ Am Kap 31 a, Tel. 049 32/861 99 79, www.sternwarte-norderney.de, Di ab 19.30 Uhr geöffnet, 7 € (auch für Kinder), kein Einlass für Kinder unter 7 J.

9 Strandpromenade

| Flaniermeile |

Sie ist rund 6 km lang und kann, wenn die Tide stimmt, im unteren Bereich mit Fahrrädern befahren werden, während oben die Fußgänger ungestört spazieren gehen: Ein Bummel auf der Promenade in Norderney gehört auf jeden Fall zu einem Besuch, egal, ob die Brandung bis an den Weg spritzt oder ob sich das Wasser ebbebedingt weit zurückgezogen hat.

10 Januskopf

| Strand |

Der Nordstrand der Insel gilt als Gegend der Aktiven. Am feinsandigen Ufer findet der Inseltriathlon statt, ebenso wie das nahe Surfcafé Kiter und

ADAC Mobil

Mit dem **eigenen Auto** auf die Insel zu fahren lohnt sich meist überhaupt nicht. Norderney ist nicht nur super mit dem Rad zu erkunden, weil es so übersichtlich ist, die Insel ist auch hervorragend ins Netz des öffentlichen Nahverkehrs eingebunden.

Norderney
NORDSEE
Wichter Ee
Ratten-
düne
Nordstrand
Möwendüne
OSTHELLER
3
11 Weiße Düne
12 Thalassoplattform
Norderney
12 Thalasso-Plattform
am Dünensender
Golf Club
13 Leuchtturm
Flugplatz
Norderney
Südstrandpolder
Riffgat
Nordbadstrand
Westbadstrand
1 Bademuseum
2 Rettungsboot-Museum
3 Fischerhaus-Museum
4 Watt Welten
3 5 Kurtheater
6 Conversationshaus
7 Kap
8 Sternwarte
9 Strandpromenade
10 Januskopf
4 bade:haus
0 1 km

Surfer lockt. Familien freuen sich über Spielplätze, Größere versuchen es auf dem Bungeetrampolin.

11 Weiße Düne

| Landschaft |

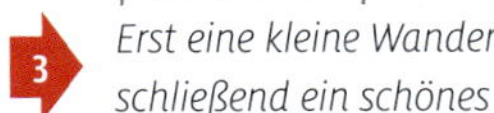

Erst eine kleine Wanderung und anschließend ein schönes Lokal

Was die Sansibar für Sylt, ist die Weiße Düne für Norderney. Ein hübsches Strandrestaurant und Feinschmeckerlokal in den Dünen, davor ein Strand wie aus dem Bilderbuch. Am Strand finden sich die typischen Badekarren, Holzwagen, die einst zu Hunderten an der Nordsee als Umkleidekabinen standen.

12 Thalasso-Plattformen

| Naturschauspiel |

Auf Norderney ist schon das Atmen Therapie. Thalasso heißt diese jahrtausendealte Kurform mit den Elementen des Meeres: Salz, Luft und Wasser. Spaziergänge gehören dazu, und dafür hat die Insel einen eigenen Thalasso-Weg eingerichtet. Ob am Nordstrand mit der hoch aufgeständerten Plattform, die sich mit der Wendeltreppe erreichen lässt, oder auf dem langen Holzsteg am Zuckerpad. Der Holzweg ist übrigens prima mit dem Rollstuhl befahrbar. Und am Dünensender warten gemütliche Sitzsäcke aus Korb auf Gäste, die sich ausruhen möchten.

■ Nordstrand, Zuckerpad und Dünensender

Gefällt Ihnen das?

Wenn Sie Thalasso mögen, dann sind Sie genau am richtigen Platz. Auf Norderney kann man nicht nur auf Thalasso-Wegen wandern, sondern findet im **bade:haus** (S. 35) auch noch spezielle Wellnessangebote. Die Nachbarinseln bieten ebenfalls eine Menge Wellness mit Meer: Juist hat einen Thalasso-Wanderweg und ebenfalls ein entsprechendes **Schwimmbad** (S. 27) wie viele der anderen Inseln auch. Am Festland haben sich einige Bäder ebenfalls auf diese Wellnessform spezialisiert.

13 Leuchtturm Norderney

| Leuchtturm |

Sie müssen nicht immer rot-weiß geringelt sein, das jedenfalls beweist der Leuchtturm der Insel Norderney. Der

Im Blickpunkt

Thalasso – die heilende Kraft des Meeres

Die Nordseeluft ist ganz besonders gesund, das hat sich ja herumgesprochen. Vor allem auf autofreien Inseln wie Juist. Ein besseres Wellnessprogramm gibt es eigentlich gar nicht, vor allem für Menschen mit Atemwegserkrankungen. Die Luft an der Nordsee, weil sie voller Aerosole ist, kleinen Teilchen mit Jod und Mineralstoffen, die sich positiv auf den Körper auswirken. Also tut man hier schon beim Atmen dem Körper Gutes. Am besten nahe des Brandungssaumes, dort ist der Aerosolanteil am höchsten. Feinstaub, Pollen und sonstige Reizfaktoren gibt es hingegen kaum. Und wer mehr für seinen Körper tun will, kann ja noch Thalasso-Therapien für die Haut dazubuchen.

Backsteinbau stammt aus dem Jahr 1871. Mit seinen knapp 60 m ist er das höchste Bauwerk der Insel. Über die 254 Stufen können Besucher heute zur Aussichtsplattform klettern.

■ Am Leuchtturm, April–Okt. tgl. 14–16 Uhr

Parken

Im **Stadtzentrum** ist Parken nur zum Be- und Entladen erlaubt, wenn man seine Koffer etwa zum Hotel bringen will. Ansonsten muss das Auto außerhalb der Cityzonen geparkt werden, das sind immer mindestens zehn Minuten zu Fuß, die man als Weg einplanen sollte. Parken kostet auf dem Dauerparkplatz pro Tag 4,50 €.

Restaurants

€€ | Weisse Düne Geschützt in den Dünen sitzen, den Nordseewind mit dem Gras spielen sehen und einen heißen Tee genießen – die Weisse Düne ist das Ausflugslokal schlechthin. Ob einfache Kartoffeln oder Fish & Chips, und sogar die Limonade hat eine besondere Note. An schönen Tagen hier mittags ein Plätzchen zu ergattern ist fast aussichtslos. ■ Weiße Düne 1, Tel. 04932/935717, tgl. 11–22 Uhr, Plan S. 31, c2

€€€ | Marienhöhe Wie eine weiße Krone auf einem Grashügel sitzt die Marienhöhe über der belebten Strandpromenade. Der Panoramablick ist herrlich, vor allem zum Sonnenuntergang. Der Pavillon geht übrigens zurück auf die Zeit, als Heinrich Heine auf der Insel verweilte. Königin Marie von Hannover hat diesen Pavillon Mitte des 19. Jh. dort als Andenken an das Nordsee-Epos des Dichters und sein Werk auf der Insel errichten lassen. ■ Damenpfad 42a, Tel. 04932/9350153,

Für viele »the place to be« auf Norderney: der elegante Pavillon der Milchbar

www.marienhoehe-norderney.de, Mi–Mo 10–22 Uhr, Plan S. 31, a3

Cafés

Bittersüß Kaffeeduft schwebt über allem, dazwischen mischt sich das Aroma frischer Waffeln: Das Bittersüß ist Café, Chocolaterie und Kaffeerösterei in einem. ■ Strandstr. 7, Tel. 04932/4980426, Mo–Fr 10–18, Sa 10.30–14, Nov.–März Mo–Fr 11–17 Uhr, www.bittersuess-norderney.de, Plan S. 31, a3

Kneipen, Bars und Clubs

Milchbar Möglicherweise haben die Gründer der Milchbar in den 1930er-Jahren einfach eine geniale Marktlücke gefunden, als sie Milchprodukte zum

schnellen Verzehr angeboten haben. Die geschwungenen Formen des Pavillons erinnern noch an diese Zeit. Doch dem ist die Milchbar längst entwachsen, inzwischen ist das Restaurant mit Selbstbedienung ein beliebter Platz, nicht nur am Abend für den Sonnenuntergang mit Musik vom DJ. ■ Damenpfad 33, Tel. 04932/927344, www.milchbar-norderney.de, Do–Di 10–23 Uhr, im Sommer länger, Plan S. 31, a3

Im Blickpunkt

Seehunde

Bei Ebbe sind sie gut zu sehen, am besten auf einer der vielen Ausflugsfahrten zu den Sandbänken. Dann liegen sie auf dem Sand und genießen die warmen Sonnenstrahlen. Seehunde gehören zur Nordsee wie Ebbe und Flut. Sie zählen zu den größten, frei lebenden Raubtieren Deutschlands und ernähren sich vor allem von Fisch. Da sie Säugetiere sind, sind sie in den ersten Monaten auf Muttermilch angewiesen. Doch manchmal werden Mutter und Kind getrennt – dann stößt das Robbenbaby fürchterliche Klagelaute aus. Wer ein solches Tier am Strand findet, sollte es keinesfalls anfassen oder gar mitnehmen, sondern unverzüglich dem nächstgelegenen Nationalparkhaus Bescheid geben. Verwaiste Heuler werden in der Seehundstation Norddeich großgezogen, zu der sie oft auch mit dem Flugzeug gebracht werden. Wer einen Seehund findet, kann ihn auch der Station in Norddeich melden (Tel. 04931/973330).

Kinder

Familien, die die NorderneyCard besitzen, können gratis an der **Kinderanimation** am Spielplatz Kap Hoorn teilnehmen. Dabei wechselt das Angebot täglich, die Palette umfasst Basteln, Geschichtenerzählen, Turnen, Sprachspiele oder Piratenabenteuer. ■ Mühlenstr. 20, Plan S. 31, a3

Erlebnisse

Fahrt zu den Seehundbänken Sie fläzen sich wohlig auf den Sandbänken, rollen dann und wann von einer Seite auf die andere – die Seehunde vor den Inseln sind immer einen Ausflug wert. ■ Tel. 04931/9870, www.reederei-frisia.de, 21,50 €, Kinder 10,80 €

Sport

Surfschule Norderney Surfen lernen an der Nordsee? Das geht auf Norderney prima, denn nahe dem Hafen hat sich in einer ruhigen Bucht die Surfschule der Insel niedergelassen und bringt Kindern wie Erwachsenen die Kunst bei, richtig auf dem Brett die Balance zu halten. Der Schnuppersurfkurs (2 Std.) kostet 25 €. ■ Am Hafen 17, Tel. 04932/648, www.surfschule-norderney.de, tgl. 9–18 Uhr, Surfen ist nur von März bis Oktober möglich, Plan S. 31, b3

Wandern

Ein herrlicher Ausflug für alle, die Einsamkeit und Natur lieben, ist die **Wanderung zum Wrack**. Es geht drei Stunden vom Parkplatz des Leuchtturms bis zur Ostspitze der Insel. Nur wenige Besucher nehmen sich diese Strecke vor, für die man gut sechs Stunden

Die Insel Baltrum ist autofrei: Gäste sind zu Fuß unterwegs oder nehmen das Fahrrad

braucht. Vor dem Start unbedingt nach dem Stand der Flut erkundigen. Wenn sie höher als normal ist, sollte man die Wanderung lieber verschieben.

Entspannung

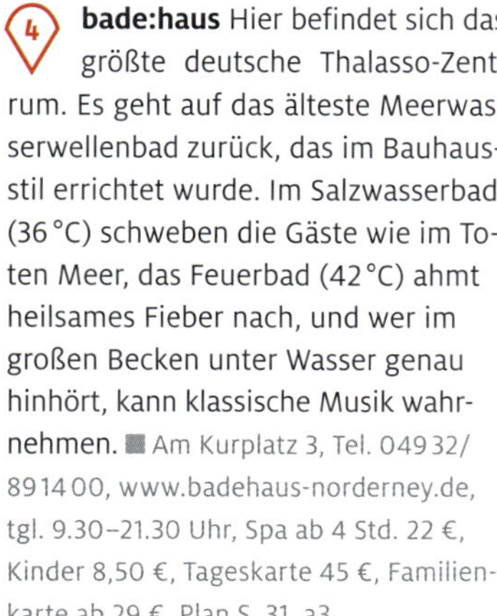

bade:haus Hier befindet sich das größte deutsche Thalasso-Zentrum. Es geht auf das älteste Meerwasserwellenbad zurück, das im Bauhausstil errichtet wurde. Im Salzwasserbad (36 °C) schweben die Gäste wie im Toten Meer, das Feuerbad (42 °C) ahmt heilsames Fieber nach, und wer im großen Becken unter Wasser genau hinhört, kann klassische Musik wahrnehmen. ■ Am Kurplatz 3, Tel. 049 32/ 89 14 00, www.badehaus-norderney.de, tgl. 9.30–21.30 Uhr, Spa ab 4 Std. 22 €, Kinder 8,50 €, Tageskarte 45 €, Familienkarte ab 29 €, Plan S. 31, a3

4 Baltrum

Die ruhige kleine Insel bietet ihren Besuchern einen großen Erholungsfaktor

Information

■ Kurverwaltung Nordseeheilbad Insel Baltrum, Postfach 1355, 26574 Baltrum, Tel. 049 39/800, www.baltrum.de

Sie wird oft als Dornröschen der Nordsee bezeichnet. Selbst in der Hauptsaison geht es dort eher gelassen zu. Mit ihren 6,5 km² Fläche liegt sie genau in der Mitte der Ostfriesischen Inseln und bietet schöne Blicke auf die zum Greifen nahe scheinenden Nachbarinnen – am besten bei einer Wanderung durch die Dünen. Wandern ist hier eindeutig das Fortbewegungsmittel Nr. eins, denn die Insel ist autofrei.

Sehenswert

Alte Inselkirche

| Kirche |

Auf Baltrum ist alles kleiner, sogar die Kirche, die nur etwa 50 Besuchern Platz bietet. Das Gebäude stammt von 1826. Wäre da nicht dieses Holzgestell vor der Tür mitsamt der Glocke, würde man das Gebäude eher als Wohnhaus einordnen. Die Glocke stammt von einem holländischen Segelschiff, das einst vor der Insel gestrandet ist. Besonders ist die Stimmung zur Andacht bei Sonnenaufgang am Ostermorgen.

■ Westdorf 9

Museum Altes Zollhaus

| Museum |

Wie haben sie gelebt, die Insulaner, bevor die Touristen kamen? Dieser Frage gehen Besucher des Museums Altes Zollhaus auf den Grund. Dort finden sich Fotos, alte Haushaltsgegenstände, aber auch dramatische Geschichten, etwa von einem Mann, der im Watt ertrunken ist und dessen letzten Brief eine Zigarrenkiste an Land gespült hat.

■ Haus Nr. 18, Tel. 04939/910630, www.baltrum.org, Ostern–Ende der Herbstferien Mo–Sa 10–12 Uhr, 4 €, Kinder bis 14 J. frei

Gezeitenpfad

| Wanderweg |

Manche Dinge lassen sich schwer begreifen, etwa die Sache mit den Gezeiten. Wie der Mond auf das Meer einen solchen Einfluss haben kann, dass es Ebbe und Flut gibt, erklärt der 7 km lange Gezeitenpfad anschaulich. Der Wanderweg startet am Nationalparkhaus, man sollte für die Gehzeit gut zwei Stunden einplanen.

Verkehrsmittel

Fähren nach Baltrum verkehren von Neßmersiel dreimal pro Tag in der Hauptsaison, im Winter weniger oft. Die Fahrzeiten hängen von der Tide ab und wechseln fast täglich. 15 Minuten vor Abfahrt der Fähre schließt die Ge-

Der Glockenstuhl der Alten Inselkirche von Baltrum gilt als Wahrzeichen der Insel

päckabgabe. Wer mit dem Auto anreist, fährt bis nach Neßmersiel zum Strandweg und lässt seinen Pkw dort auf den Parkplätzen (www.garagen-assing.de, Parkplatz 20 €/2 Tage, Carport/Garage 25 €/2 Tage ■ Reederei: Dorfstr. 46, Neßmersiel, Tel. 04939/91300, www.baltrum-linie.de, Fährticket 33 €, Kinder 18 €, Hunde 17 €, Fahrräder, Bollerwagen, Surfausrüstung extra

Baltrum ist eine komplett **autofreie Insel**, Urlaubsgäste werden gebeten, auch keine Fahrräder mitzunehmen. Auf Baltrum stehen den Fußgängern Bollerwagen als Transporthilfe für das mitgebrachte Gepäck oder Pferdekutschen zur Verfügung.

Restaurants

€€ | Skippers Inn In modernem Ambiente serviert das Küchenteam Fisch in kreativen Varianten, gerne auch als Sushi oder gegrillt, die Salate sind knackig und lecker. Es werden auch Whiskey Tastings organisiert, manchmal gibt's auch Livemusik. ■ Haus Nr. 50, Tel. 04939/910933, www.skippers-inn.de, Mitte März–Herbstferien Mo ab 17, Di–Sa ab 12, Küche bis 21 Uhr, Jan.–März Mo ab 17, Di–Sa 12–13.30, 17–20 Uhr

Cafés

Café Kluntje Auf Omas Plüschsofa sitzen und aus dem blau-weiß geblümten Porzellan Ostfriesentee trinken – das Café ist eine romantische Zeitreise in dem denkmalgeschützten Haus. Ob Blaubeer-Schmand-Kuchen oder friesische Himmelstorte – das Kluntje ist ein wunderschöner Ort etwas abseits des Dorflebens. ■ Haus Nr. 29, Tel. 04939/419, www.kluntje.com, Mitte März–Nov. Do–Di 11–18 Uhr

ADAC Mittendrin

Man muss nicht mit dem Schiff zur Insel fahren, wer das Abenteuer liebt, kann auch per Wattwanderung nach Baltrum kommen. Gestartet wird im Hafen von **Neßmersiel**. Die Wanderung dauert etwa 2,5 Stunden, und so mancher knietiefe Priel wird dabei durchquert. Diese Tour sollte man nur in Begleitung eines kundigen Wattführers machen, dann kostet sie 15 €, Kinder 10 €, buchbar über die Tourismusinformation Dornum.

Konzerte

Warum immer in Konzerte gehen? Auf Baltrum wird selbst gesungen, das **Singen** hat auf der Insel Tradition. In der Hauptsaison gibt es sogar zwei feste Termine: mittwochs, 19 Uhr in den Dünen zwischen der Turnhalle und der katholischen Kirche sowie am Sportpodest am Strand Mo–Fr jeweils 10.45 Uhr. Begleitet von Akkordeon und Gitarre.

Events

Inselwitz Jedes Jahr im Mai treffen sich angesehene Cartoonisten auf Baltrum und ziehen sich zurück, um zu einem gemeinsamen Thema zu zeichnen. Die Werke werden anschließend bei Veranstaltungen vorgestellt und sind im Nationalparkhaus zu sehen.

Erlebnisse

Surfschule Wer auf Baltrum Wind- oder Kitesurfen lernen will, findet eine Surfschule vor. ■ Haus Nr. 192, Tel. 04939/433, www.surfschule-baltrum.de

5 Langeoog

Eine Bimmelbahn, Museen und schöne Strände bietet die Familieninsel

Information

■ Tourismusbüro, Hauptstr. 28, 26465 Langeoog, Tel. 04972/6930, www.langeoog.de

Schon die Bimmelbahn der Insel sieht aus, als wäre sie aus bunten Bausteinen gemacht: Gelb, grün, blau, orange und lila strahlen die Waggons den Besuchern entgegen. Auf der autofreien Insel streifen Kinder auch schon mal allein durch die Dünen und stürmen zum Sandburgenbau. Ganz kleine Gäste sausen mit Laufrädern durchs Dorf, andere treten mit Papa gemeinsam das Tandem. Langeoog ist eine Insel für aktive Familien. Hier kann man sogar am Strand Weitsprünge machen – oder gemeinsam mit Mama das Sportabzeichen. Und zur Stärkung gibt es hier vor allem eines: Sanddorn. Er schmeckt nicht nur als Tee, sondern auch in Form von Gummibärchen.

Sehenswert

Wasserturm

| Architektur |

1909 erbaut, ist der weiße Wasserturm mit seinem achteckigen Grundriss das Wahrzeichen der Insel. Oft wird er fälschlicherweise für einen Leuchtturm gehalten, doch er sicherte die Trinkwasserversorgung der Bewohner, als deren Brunnen versalzten. Seit Ende der 1980er-Jahre ist er im Ruhestand.

■ An der Kaapdüne, Oster- bis Herbstferien Mo–Fr 10–12, im Winter Sa 10.30–12 Uhr

Schifffahrtsmuseum

| Museum |

Wie kommen nur die großen Schiffe in die Flasche? Buddelschiffe können hier ebenso bewundert werden wie Schiffsmodelle und Geräte, die Knoten und Himmelsrichtungen erfassen. Von der Vergangenheit des Walfangs erzählen die ausgestellten Knochen.

■ Kurstr. 1, Tel. 04972/693211, Mo–Do 8.30–12, 14–16, Fr 8.30–12, Sa, So 10–12 Uhr, 3,50 €

Museumsrettungsboot

| Museumsschiff |

Seit 1980 ist es im Ruhestand, doch das alte Boot kann eine Menge Geschichten erzählen. 1944 wurde es gebaut und hat seitdem nicht nur Schiffbrüchigen geholfen, sondern auch Kranke von der Insel transportiert oder wurde sogar als Eisbrecher eingesetzt.

■ Kurstr. 1, Tel. 04972/693210, Di, Do 10–12 Uhr

Seemannshus

| Museum |

In ein echtes Inselwohnzimmer geht die Zeitreise im Seemannshus. Das weiße Haus mit den grünen Fenstern strahlt schon von außen Behaglichkeit aus, drinnen mit den dunklen Möbeln, den tiefen Decken und den liebevoll eingerichteten Zimmern erzählt es vom Leben der Menschen im 19. Jh.

■ Caspar-Döring-Pad 3, Tel. 04972/861, März–Okt. Di, Do, Sa, So 14–16, Nov.–Feb. Sa 14–16 Uhr, Spende erwünscht

Höhenpromenade

| Flaniermeile |

Die am höchsten gelegene Promenade der Küste misst bis zu 20 m Höhe und windet sich durch die Dünen und entlang des Kurviertels zum Sandstrand.

Gesäumt von Strandrosen führt der Dünenweg zum Wasserturm von Langeoog

Dünenfriedhof

| Friedhof |

Auf dem Dünenfriedhof ist nicht nur das Grab von Lale Andersen zu sehen, sondern man stößt auch auf Gräber russischer Kriegsgefangener und geflüchteter Baltendeutscher.

■ Gerk sin Spoor 8 a

Vogelwärterhaus

| Aussichtspunkt |

Eine Safari der anderen Art erleben Gäste in diesem Holzhaus: Es informiert nicht nur über Zugvögel und gefiederte Dauergäste, sondern bietet auch einiges zum Selbsterforschen.

■ Willrath-Dreesen-Straße, tgl. 10–18 Uhr

Im Blickpunkt

Lale Andersen auf Langeoog

Lili Marleen machte sie weltberühmt: Die Sängerin Lale Andersen (1905–1972) war eine der ersten Deutschen, deren Platten millionenfach verkauft wurden. Eigentlich stammte die Sängerin und Schauspielerin aus Bremerhaven, doch Langeoog war ihre Wahlheimat. Sie kam immer wieder, machte Urlaub und hat sogar eine alte Wehrmachtsbaracke zum Ferienhaus umgebaut. Nach ihrem Tod wurde sie auf eigenen Wunsch auf dem Dünenfriedhof beerdigt. Das Grab lockt bis heute Menschen an. Eine Statue (Am Wasserturm 1) erinnert an die Künstlerin, ihr einstiges Wohnhaus ist heute ein Ferienhaus.
www.lale-andersen-haus-langeoog.de

Dünen, Salzwiesen und endlose Weite am Flinthörn im Südwesten der Insel

Flinthörn

| Naturschauspiel |

Auf dem Naturpfad wandeln Besucher über die dünige Strecke an der Südwestspitze von Langeoog. Beobachtungspunkte klären auf Infotafeln über die reiche Vogelwelt auf und warum dieser einzigartige Inselbereich so streng geschützt ist. Wer Geduld und Glück hat, kann Rotschenkel oder Austernfischer beobachten.

Verkehrsmittel

Die **Fähren** nach Langeoog brauchen etwa eine Stunde, sie fahren zu festen Zeiten. Auf der Insel selbst bringt die **Inselbahn** Gepäck und Passagiere vom Fähranleger zum Ort. Die Fahrt dauert nur sieben Minuten (hin und zurück 30 €, Kinder 6–15 J. 18 €). Das Gepäck ist pro Person bis 20 kg frei.

Autofahrer fahren bis nach Bensersiel und parken dort auf dem Langzeitparkplatz (pro angefangenem Tag ab 6,50 €, www.inselparkplaetze.de). Wer mit der Bahn anreist, muss in Esens aussteigen und von dort weiter mit dem Bus fahren. Einige Fernbusse fahren direkt nach Bensersiel. Von Norddeich und Harle aus gibt es auch die Möglichkeit zu fliegen (www.inselflieger.de).

Langeoog ist eine **Fahrradinsel**, und dementsprechend viele Räder surren zwischen Dünen und Dorf. Deswegen ist der Ortskern von März bis Oktober von 10–12.30 und 16–18 Uhr für Fahrräder gesperrt, die Räder müssen dann geschoben werden, um zu passieren.

Restaurants

€€ | In't Dörp Die Speisekarte kommt auf Platt daher – das ist sehr sympathisch. Anstatt ein Sammelsurium vieler Gerichte zu bieten, präsentiert sich das Angebot klein und fein, dafür kommen Scholle oder Steak frisch auf den Teller. ■ Barkhausenstr. 4, Tel. 04972/912071, www.intdoerp.de, Fr–Mi 11.30–14, 17.30–21.30 Uhr

€€€ | Seekrug Gesund, regional und ökologisch muss nicht schnöde sein – das beweist das Restaurant Seekrug. Kutterscholle, Karottensuppe oder feine Kuchen und Törtchen – die Karte bietet viel Abwechslung. ■ Höhenpromenade 1, Tel. 04972/383, www.seekrug.de, Di–So 11.30–22.30 Uhr

Cafés

Strandhalle Wie eine Mischung aus plattgedrücktem Schloss und Pavillon

thront sie auf der Punschdüne und trotzt Sturm und Regen: Die Strandhalle stammt aus dem Jahr 1954 und zählt zu den Kultorten der Insel. ■ Höhenpromenade 5, Tel. 04972/990776, www.hotel-kolb.de, tgl. ab 11 Uhr

Kinder

Insel der 1000 Steine Legofans lieben Langeoog: Im Haus der Insel befindet sich die Ausstellung »Mini-Langeoog – die Insel aus Legosteinen«. Nachgebaut hat sie ein Privatmann mit seiner Familie. Von der Fähre über den Leuchtturm oder typische Häuser lassen sich viele Inselszenen im Kleinen bewundern. ■ Kurstr. 1, Mo–Do 8.30–11.30, 14–16, Fr 10–12 Uhr

6 Spiekeroog

Dorfschönheit unter alten Bäumen und mit einem weiten Sandstrand

Information

■ Noorderpad 25, 26474 Spiekeroog, Tel. 04976/9193101, www.spiekeroog.de

Wer Dorfidylle mag, wird Spiekeroog lieben: Hier scheint die gute, alte Zeit stehen geblieben zu sein: Dickstämmige Kastanienbäume werfen lange Schatten auf die kleine Backsteinkirche, süßer Lindenduft liegt in der Luft, und Pferdehufe klappern über das Pflaster. Selbst das Radfahren ist den Einheimischen zu hektisch. Stattdessen geht alles »sutje«, wie man hier sagt, langsam eben. Grün-weiße Cafétüren laden zur Pause ein – am besten bei einem deftigen Schwarzbrot mit Krabben. Auch die Natur hat viel zu bieten, etwa den verwunschenen Wald.

Sehenswert

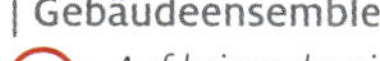

Ortskern

| Gebäudeensemble |

Auf keiner der sieben Inseln ist der Dorfkern so gut erhalten

Während Inseln wie Langeoog durch Sturmfluten ihre Hauptorte verloren haben, ist Spiekeroog seit dem 17. Jh. unverändert geblieben. Schon damals haben einige Familien von Fischerei und Landwirtschaft gelebt. Das Alte Inselhaus zeugt von dieser Zeit, es stammt aus dem Jahr 1705.

Drinkeldoodenkarkhof

| Friedhof |

Das Schiffsunglück der »Titanic«, das weltbekannt geworden ist, hat sich im Kleinen 1854 vor Spiekeroog ähnlich abgespielt. Dort ist eine Barke aus Bremen mit 216 Auswanderern an Bord gestrandet, die alle ein neues Glück in New York suchen wollten. Ein Sturm durchkreuzte die Pläne und brachte das Schiff zum Kentern. Die Spiekerooger hatten keine Rettungsboote und konnten nur zusehen. 77 Menschen ertranken dabei, sie wurden in einem Dünental der Insel begraben, der heutigen Gedenkstätte Drinkeldoodenkarkhof. Später wurde in der Folge des Unglücks die Deutsche Gesellschaft zur Rettung Schiffbrüchiger gegründet.

■ Tranpad 4

Inselmuseum

| Museum |

In einem niedrigen, weißen Kapitänshaus aus dem Jahr 1715 informiert das Inselmuseum über das Leben auf Spiekeroog damals und heute, und es werden Wrackteile von gestrandeten Schiffen gezeigt, aber auch Kunst, Einrichtung und Alltagsgegenstände.

■ Nooderloog 1, Tel. 04976/256, www.inselmuseum-spiekeroog.de, Oster- bis Herbstferien Di–So 15–17.30 Uhr, 2 €, Kinder 1 €

Nationalparkhaus

| Museum |

Wer sich näher über die Gezeiten informieren will, ist hier richtig: Das Nationalparkhaus klärt über die Natur und die Phänomene im Wattenmeer auf. Große Attraktion ist das Pottwalskelett. ■ Hellerpad 2, Tel. 04976/9100 50, Di–So 11–17 Uhr

Kurioses Muschelmuseum

| Museum |

In Vitrinen sind sie ausgestellt: Mehr als 3000 Muscheln aus der ganzen Welt, mal schneeweiß, mal getigert, mal dunkel. Sie tragen keine lateinischen Bezeichnungen sondern Fantasienamen, die zum Schmunzeln anregen. ■ Noorderpad 18, Mo–Fr 9–17, Sa, So 9–12.30 Uhr, 1€

Inselkirche

| Kirche |

Ältester Bau der Insel ist die Kirche von 1696. Sie ist damit das älteste erhaltene Gotteshaus der Ostfriesischen Inseln. Eines ihrer Bildnisse, die Pietà, soll sogar auf das Jahr 1588 zurückgehen und von einem vor der Insel gestrandeten Schiff stammen. Der Dachreiter wurde mit seiner Glocke 1865 angefügt.

Verkehrsmittel

Die **Fähren** nach Spiekeroog starten von Neuharlingersiel. Wer mit dem Auto anreist, kann es dort auf einem der Langzeitparkplätze abstellen. (pro begonnenem Tag ab 7,50 €, www.inselparkplaetze.de). Wer mit der Bahn anreist, bucht ein Ticket bis Esens oder Norden und fährt von dort mit dem Bus oder Taxi nach Neuharlingersiel. Fernbusse halten direkt an der Küste. Die tideabhängige Frisia-Fähre braucht 45 Minuten, 37,40 €, Kinder 18,70 €, Hunde 36,40 €, www.spiekeroog.de. Bahnhof und Weststrand sind mit einem besonderen Verkehrsmittel verbunden: Der alten **Pferdebahn**, deren Waggons auf Gleisen rollen und von Pferden gezogen werden. Sie ist eine der letzten verbliebenen Pferdebahnen in Deutschland. Für die 1,5 km lange Strecke werden etwa 15 Minuten Fahrzeit benötigt. Mitte April–Mitte Okt., 6 €, Kinder 4 €, Hunde nach Abspr.

ADAC Mobil

Spiekeroog ist eine **Insel der Fußgänger**, das gibt ihr diese besonders entschleunigte Stimmung. Autos sind tabu, und selbst Fahrräder sind dort nicht erwünscht. Als einzige der Ostfriesischen Inseln besitzt Spiekeroog zudem keinen eigenen Flugplatz. Also ist hier zu Fuß gehen angesagt – oder man fährt mit der alten Pferdebahn.

Restaurants

€€€ | Altes Inselhaus Das älteste Haus der Inseln kann viele Geschichten erzählen, vor allem von seinem schwimmenden Dach, das sich wie ein Floß vom Haus ausklinken ließ und so bei Gefahr im Meer treiben konnte. Heute beherbergt das Haus ein gutes Restaurant und Café, das vor allem für seinen Kuchen sehr beliebt ist. ■ Süderloog 4, Tel. 04976/473, www.altes-inselhaus.de, Mo–So 18–22 Uhr

Einkaufen

Die vielen Läden in Spiekeroog-Dorf bieten **Mitbringsel** an, es ist leicht, beim Bummeln Schönes zu finden. Doch viel individueller sind selbst gemachte Mitbringsel von der Insel, die erstaunlich viele **Kreativkurse** im Angebot hat. Dort kann man sich etwa seinen Silberschmuck selbst schmieden, Malkurse in verschiedenen Richtungen belegen oder Fotoseminare buchen – und hat dann viele schöne Souvenirs im Gepäck. Alle selbst gemacht. Mehr Infos über die Angebote gibt es bei der Touristeninformation.

Kneipen, Bars und Clubs

Old Laremie Es ist keine normale Kneipe oder Inseldisco – das Old Laremie ist auch ein politisches Statement. Die Kneipe, die einst Teil des Inselflughafens war, ist längst zu einem Kultort für Lebenskunst geworden. Das liegt nicht zuletzt an Inhaber Dirk Nannen, der ihr mit Strandgutstücken und Upcycling-Kunst ihr unverwechselbares Aussehen gegeben hat. Daneben werden Konzerte und Kulturveranstaltungen organisiert. ■ Westend 5, tgl. 13–17, 21–6 Uhr, in der Nebensaison kürzer

Kinder

Trockendock Das überdachte Areal bietet Kindern mit dem Fischkutter, Rutschen und einem Tischfußballraum genug Möglichkeiten, um sich die Zeit zu vertreiben. Besonders beliebt ist der große Raum voller Sand. Ergänzend finden viele Veranstaltungen statt. ■ Noorderpad 25 a, Tel. 04976/9193166, tgl. 9–18 Uhr, Reserv. empf.

Events

Papierbootregatta Boote aus Papier? Ob die sich als seefest erweisen, testen kleine wie große Kapitäne bei der jährlichen Papierbootregatta auf Spiekeroog. ■ Mitte Aug.

Entschleunigtes Reisen auf Spiekeroog: mit der Pferdebahn durch Wiesen und Dünen

Markante Landmarke: 56 m ragt der Westturm von Wangerooge in den Himmel

7 Wangerooge

Die östlichste Insel lockt mit dem Café Pudding und Surferfreuden

Information

■ Tourist-Info, Obere Strandpromenade 3, 26486 Wangerooge, Tel. 044 69/990, www.wangerooge.de

Wie ein Seepferdchen schmiegt sich Wangerooge als Barriere zwischen Nordsee und Küste. Die östlichste der sieben Inseln hat eine wechselvolle Geschichte, gehörte nie zu Ostfriesland und ist heute Teil der Gemeinde Wangerland. Besonders getroffen hat es die Insel im Zweiten Weltkrieg. Am 25. April 1945 warf die alliierte Luftwaffe mehr als 6000 Bomben über Wangerooge ab. Viele verloren ihr Leben, und die Insel war Jahrzehnte gezeichnet. Heute haben Wind, Sand und Meer die Narben der Vergangenheit zuwachsen lassen. An manchen Orten lugen noch Bunkerreste aus dem Sand.

Sehenswert

Alter Leuchtturm und Inselmuseum

| Museum |

Wenn er so rot-weiß aus der Landschaft ragt, sieht man ihm sein Alter gar nicht an: Der Alte Leuchtturm stammt aus den Jahren 1597 bis 1602 und weist in seinem Inneren eine erstaunliche Nutzungsvielfalt auf: So stößt man dort auf einen Eiskeller ebenso wie auf ein ehemaliges Gefängnis.

■ Zedeliusstr. 3, Tel. 044 69/83 24, Innenbesichtigung derzeit nicht möglich

Pudding

| Architektur |

Die runde Form, die sich aus der Landschaft erhebt und auf der dieser Café-Pavillon wie ein Wahrzeichen der Insel thront, lässt heute nichts mehr davon erahnen, dass das Bauwerk einst ein alter Bunker war. Das Café ist der beliebteste Treffpunkt der Insel.

■ Zedeliusstr. 49, Tel. 044 69/220, www.cafe-pudding.com

Nationalparkhaus

| Museum |

Es gehört zu den ältesten Häusern der Insel: Das Rosenhaus von 1912 war einst Wohnung der Angestellten des benachbarten Kinderheimes. Heute ist es ein Informationszentrum über den Nationalpark Wattenmeer geworden. Vor dem Haus steht ein Pottwalskelett. ■ Friedrich-August-Str. 18, Tel. 04469/8397

Westturm

| Architektur |

Der alte Leuchtturm befand sich einst auf dem Wasser, doch damit bot er feindlichen Schiffen im Ersten Weltkrieg auch eine hervorragende Orientierung und wies ihnen den Weg zur Insel. Deswegen wurde er noch 1914 gesprengt und später vor dem Zweiten Weltkrieg auf Wangerooge neu errichtet. Heute befindet sich in dem Turm die Jugendherberge.
■ Straße Zum Westen 27

Verkehrsmittel

Harlesiel heißt der Hafen, von dem aus die **Fähren** die autofreie Insel Wangerooge ansteuern. Wer mit dem Auto kommt, kann wie bei den anderen Häfen sein Auto auf Langzeitparkplätzen abstellen. Die Fähre braucht etwa 1,5 Stunden, der Fahrplan ist tideabhängig, 38 €, Kinder (6–14 J.) 22,80 €. Wer mit der Bahn anreist, kommt auf Schienen bis Sande und steigt um in den Tidebus nach Harlesiel. Im Fährticket inbegriffen ist der Preis für die Inselbahn (www.siw-wangerooge.de).

Die **Schmalspurbahn** mit den himmelblauen Waggons ist das wichtigste Verkehrsmittel für Neuankömmlinge auf der Insel. Sie geht auf das Jahr 1897 zurück und ist die letzte Schmalspurstrecke der Deutschen Bahn. Die rote Diesellok bringt nicht nur Personen, sondern auch Güter bis zum schönen Jugendstilbahnhof der Inselmitte.

Restaurants

€€ | Jan Seedorf Berühmt für seine großen, sättigenden Pfannkuchen ist dieses Restaurant, das sich in die Dünen duckt. Mal sind sie salzig, mal süß, aber immer von hoher Qualität. Was manche Urlauber abschreckt: Es werden nie mehr Gäste aufgenommen, als Kapazitäten in der Küche vorhanden sind, und deswegen wird auch öfter mal abgelehnt. ■ Straße Zum Westen 17, Tel. 04469/387, Mi–So 12–18 Uhr

€€ | Neudeich Sie ist die traditionelle Pausenstation: Wer sich auf die Wanderung zur Ostspitze der Insel macht, kommt automatisch am Neudeich vorbei. Viele Besucher brechen dort ihre Wanderpläne ab und kehren ein. Ein typisches Ausflugslokal, Hunde sind nicht willkommen. ■ Straße Zum Osten 1, Tel. 04469/272, www.neudeich.cafe, Mo, Mi–So 11.45–17.30 Uhr

Kneipen, Bars und Clubs

Treibsand Gemütlich auf Palettenmöbeln sitzen die Gäste in dieser kleinen Kneipe, in der auch gerne Musik gespielt und getanzt wird, und trinken ihr Guinness-Bier. ■ Zedeliusstr. 32, Tel. 04469/1210, tgl. 10–2 Uhr

Kinder

Kinderspielhaus Trampoline, Kletterwand, Ballkanone oder einfach nur Leseecke – das Haus ist Sockenland und bietet für Kinder von 3–13 Jahren viele Spielmöglichkeiten. ■ Zum Westen

Übernachten

Vielfältig zeigen sich die Übernachtungsmöglichkeiten auf den Ostfriesischen Inseln: mal ganz klein und familiär als Frühstückspension, mal stylish-modern als Luxushotel. Die Bandbreite könnte größer nicht sein – und so ist wohl für jeden Geschmack das Passende dabei. Dabei ist es klar, dass die Hotelpreise auf den Inseln höher sind als auf dem Festland, der Wohnraum ist sehr eingeschränkt, ebenso wie die Kapazitäten. Generell gilt es, hier früh zu buchen, denn auf den Inseln ist gerne mal alles ausgebucht, auch lange im Voraus. Auf manchen Inseln übrigens wie etwa Spiekeroog lohnt es sich, mal ganz auf Luxus zu verzichten und das Bett gegen eine Parzelle auf dem Zeltplatz zu tauschen.

Borkum 18

€€ | **Arthotel Bakker** Das Haus bietet moderne Zimmer mit Balkon, alle sind hell eingerichtet. Das Hotel mit freundlichem Service und schöner Kaffeebar im Haus sorgt für Wohlfühlmomente. Zudem stimmt das Preis-Leistungs-Verhältnis. ■ Neue Str. 6 b, 26757 Borkum, Tel. 049 22/932 57 49, www.arthotel-bakker.de

€€ | **Rias Beachhouse** Das Frühstücksbüfett glänzt mit einer großen Obstauswahl und Selbstgebackenem, die Zimmer sind hell und modern eingerichtet, die Lage ist zentral. Das Haus überzeugt mit dem Preis-Leistungs-Verhältnis. ■ Strandstr. 32, 26757 Borkum, Tel. 015 11/531 16 97, www.riasbeach.de

Juist 24

€€€ | **Ferienhaus Strandmuschel** Moderne, helle Apartments jenseits des Trubels verspricht diese Anlage. Die vier individuell eingerichteten Wohnungen liegen alle im Ortsteil Loop. ■ 26571 Juist-Loop, Tel. 05 21/ 40 02 40, www.strandmuschel-juist.de

€€€ | **Strandhotel Juister Hof** Zentral an der Promenade gelegen, schöne, helle Zimmer, teilweise mit Küchenzeile. Manche Unterkünfte mit Meerblick. Leihräder inbegriffen, ebenso wie das schöne Frühstücksbüfett. ■ Strandpromenade 2, 26571 Juist, Tel. 049 35/920 40, www.juister-hof.de

Norderney 28

€€ | **Michels Gästehaus Meerzeit** Klare, helle, große Zimmer, das Haus mit Südstaatenflair – das Gebäude liegt nah des Kurparks und damit mitten im Zentrum des Geschehens, gutes Preis-Leistungs-Verhältnis. ■ Kirchstr. 21, 26548 Norderney, Tel. 030/800 92 92 92, www.michelshotels.de

€€€ | **bade:haus** Wer Wellness liebt, ist hier genau richtig, denn die Badehaus-Apartments gehören zum Schwimmbad. In den Zimmern gibt es Wasserbetten und eine Küchenzeile, und zur Sauna geht es direkt im Bademantel. Zentraler kann man auf der Insel kaum wohnen, wenn man Thalasso zugetan ist. ■ Am Kurplatz 2, 26548 Norderney, Tel. 049 32/89 14 00, www.norderney.de

Baltrum 35

€€€ | Naturhotel Baltrum Ökostrom, gesundes Essen und nachhaltige Lebensweise: Wer darauf im Urlaub nicht verzichten will, ist im Naturhotel richtig. Die Zimmer sind mit Naturmaterialien und viel Holz eingerichtet. Im Yoga- und Meditationsraum lässt es sich prima abschalten. ■ Ostdorf 171, 26579 Baltrum, Tel. 049 39/27 39 80, www.naturhotel-baltrum.de

Langeoog 38

€€€ | Retro Design Hotel Außergewöhnliche Möbel selbst auf der Terrasse, stylishe Lampen, und trotzdem versprüht das Haus eine Wohlfühlatmosphäre: Das Retro-Hotel setzt auf Design der 1950er- und 1960er-Jahre, ohne altbacken zu sein, alles wirkt dabei dennoch frisch. ■ Abke-Jansen-Weg 6, 26465 Langeoog, Tel. 049 72/68 29 99 0, www.hotel-kolb.de

Spiekeroog 41

€ | Campingplatz Am urtümlichsten und der Natur sehr nahe entdeckt man Spiekeroog auf dem Zeltplatz. Zwischen den Dünen werden Iglus oder große Familienzelte aufgestellt. Es ist ein wirklich abenteuerliches Gefühl, das vor allem Kinder lieben, die hier auch rasend schnell Anschluss finden. Da der Zeltplatz sehr beliebt ist, muss man für die Sommersaison unbedingt weit im Voraus reservieren. ■ Westend 7, 26474 Spiekeroog, Tel. 049 76/288, www.spiekeroog.de

€€ | Islandhof Nostalgie und Bauernhoffeeling kann man auf diesem Pferdehof erleben. Ideal für Eltern mit reitbegeisterten Kindern. Die Wohnungen sind stilvoll und schön ausgestattet. Sie erinnern fast ein wenig an ein lebendiges Museum. ■ Up De Höcht 5, 26474 Spiekeroog, Tel. 049 76/219, www.islandhof-spiekeroog.de

Wangerooge 44

€€€ | Hotel Hanken Das Haus ist gestaltet wie ein Geschäftshotel, ganz im Business-Stil. Die Lage ist strandnah und zentral, und vor allem die freundliche Bedienung ist bemerkenswert. Manchmal wird in den Abendstunden sogar musiziert. ■ Zedeliusstr. 38, 26486 Wangerooge, Tel. 044 69/87 70, www.hotel-hanken.de

ADAC Das besondere Hotel

Wie eine Puppenstube wirken die Zimmer der **Villa Westend** mit ihren farbenfrohen Möbeln und den gezielten Akzenten der Möbel. Alles wurde mit viel Stil und Liebe eingerichtet. Herzlicher Empfang der Besitzerin.
€ | Friedrichstr. 40, 26548 Norderney, Tel. 049 32/939 90, www.villawestend-norderney.de

Rund um Leer

Die Hauptstadt des Tees, eine Region voller Blumen und die kleinste Sprachinsel Deutschlands – diese Gegend Ostfrieslands überrascht

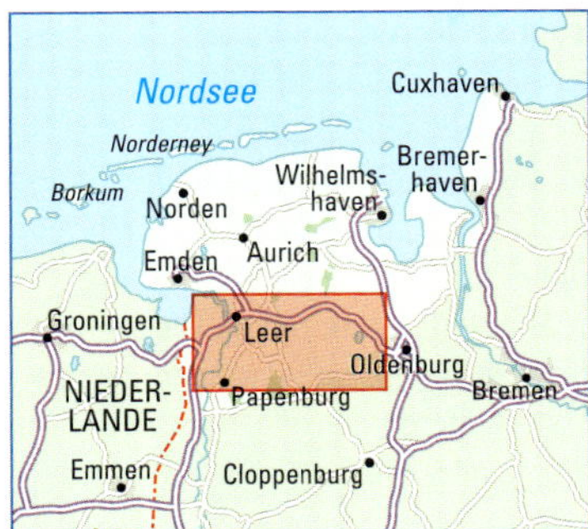

Im Schatten der Inseln und der Küste fristet die Region zwischen Leer und Bad Zwischenahn eher ein Schattendasein in touristischer Hinsicht: Die meisten Gäste fahren nur hindurch, um auf die Inseln oder in die Küstenorte zu gelangen. Das ist schade, denn hier gibt es viel zu entdecken. Oder wussten Sie, dass die Baumkunstwerke in Disneyland oder am Louvre aus Bad Zwischenahn kommen? Die Region ist das größte Baumschulgebiet Deutschlands, und so ist die Landschaft ein einzigartiger Kulturraum.

Nur einige Dörfer weiter findet sich ebenfalls etwas Einzigartiges: die wohl größte Rhododendronblüte in Europa. Ein beeindruckendes Schauspiel tut sich im Mai auf, wenn sich die Blütenkelche öffnen und die Landschaft in ein Meer von Farben tauchen. Da hält Westerstede locker mit der Mandelblüte auf Mallorca mit.

Von dort aus ist es nur ein Katzensprung nach Leer, der hübschen Backsteinstadt mit dem kleinen Hafen und dem quirligen Kleinstadtleben. Tourismus ist in Leer zwar angekommen, vermischt sich aber schön mit dem täglichen Leben, sodass es kein reiner Urlauberort ist. Vor allem zum Bummeln lohnt sich der Besuch in dieser Stadt, die aber auch kulturell viel zu bieten hat. Vor allem für Menschen, die sich für Krimis interessieren, denn die Ostfrieslandkrimis spielen eine entscheidende Rolle im Leben von Leer.

In diesem Kapitel:

ADAC Top Tipps:

Altstadt von Leer

| Stadtbild |

Kleine Gassen direkt am Hafen, Backsteinhäuser und außergewöhnliche Läden – Leer ist perfekt für einen schönen Shopping-Tag. 50

Park der Gärten, Bad Zwischenahn

| Park |

Hier blüht es fast immer, und wenn es nicht blüht, sorgen die gestutzten Gehölzer für Augenschmaus in der größten Baumschulregion Europas. 57

ADAC Empfehlungen:

Bünting Teemuseum, Leer
| Museum |

Ein Pflichtprogramm, um bei der Teezeremonie die ostfriesische Kultur ganz und gar zu verstehen. 51

Jimmy's Altstadt Café, Leer
| Café |

Ostfriesentee trinken ist ein Muss – am besten bei Jimmy's Altstadt Café. 53

Leeraner Miniaturland
| Modellbauanlage |

Die mit über 1500 m² Ausstellungsfläche zweitgrößte Miniaturausstellung hat nicht den Bekanntheitsgrad von Hamburg, ist aber ebenso schön. 54

Dollart
| Landschaft |

Süß- und Salzwasser im beständigen Wechsel: Die Mündung der Ems in die Nordsee präsentiert sich als faszinierendes Naturparadies 54

Baumgeflüster, Bad Zwischenahn
| Unterkunft |

Zwischen den Eichhörnchen in den Baumwipfeln schlafen: Dieses Hotel gehört wohl zu den schönsten Baumhäusern der Welt. 63

8 Leer

Das Herz Ostfrieslands bezaubert mit seiner Altstadt

Liebevoll restaurierte Schiffe im Museumshafen inmitten der Altstadt von Leer

Information

■ Tourist-Information Leer, Ledastr. 10, 26789 Leer, Tel. 04 91/91 96 96 70, www.touristik-leer.de

Ungewöhnliche Läden, enge Gassen und ein romantischer Hafen

Für jeden Tag ein anderes schönes Haus – das bietet die Altstadt von Leer (34 200 Einw.) mit 365 historischen Gebäuden. Wer sich nicht so viel Zeit nehmen möchte, beginnt einfach einen kleinen Stadtrundgang beim Rathaus. In direkter Nachbarschaft befindet sich der Wilhelminengang – eine schmale Gasse, geschmückt mit hübschen Backsteinhäuschen.

Sehenswert

Museumshafen

| Hafen |

Schaukelnde Holzschiffe in einem gemütlichen Hafenbecken, dahinter Backsteingebäude und Straßencafés: Am Museumshafen träumen Kinder wie Erwachsene von der Reise über das Meer oder versetzen sich in alte Zeiten, wenn sie die Fischerboote schaukeln sehen. Das Haus der Alten Waage ist ein Denkmal des klassizistischen Barocks.

■ Alte Waage: ganzjährig geöffnet

Plan
S. 53

2 Heimatmuseum

| Museum |

Wer tiefer in die Geschichte der Stadt, der Ostfriesen und ihrer Trachten eintauchen will, sollte das Heimatmuseum von Leer nicht verpassen.

■ Neue Str. 12–14, Tel. 04 91/20 19, www.heimatmuseum-leer.de, April–Dez. Di–So 11–17, Jan.–März Di–Fr 11–17 Uhr, 5 €, Kinder (6–18 J.) 2 €

3 Kleine Meerjungfrau

| Skulptur |

Nicht nur Kopenhagen hat sie, sondern auch Leer: Das »Meerwiefke«, wie die Statue heißt, verfügt im Gegensatz zum berühmten Pendant in Kopenhagen über zwei Flossen. Die Statue stammt vom Leeraner Bildhauer Karl-Ludwig Böke. Sie befindet sich direkt am Ufer der Leda, und der Platz bietet einen schönen Blick auf den Hafen.

■ Neue Straße

4 Altes Rathaus

| Architektur |

Dieses Backsteingebäude aus dem Jahr 1894 bildet ein Bauensemble mit der gegenüberliegenden Alten Waage und wird dem niederländischen Hochbarock zugesprochen.

■ Rathausstr. 1

5 Bünting Teemuseum

| Museum |

6 *Tee hat hier Tradition, das Museum entführt in die Geschichte*

Es knackt und knistert, wenn sich der Kluntje langsam im heißen Tee auflöst. Stilecht im Porzellan der Ostfriesischen Rose serviert, kommt der Schwarztee in die Tasse: Wer selbst eine Teezeremonie erleben will, begibt sich einfach ins Teemuseum in der

ADAC Mobil

Dieses Erlebnis sollten sich Technikfans nicht entgehen lassen: Die **Jann-Berghaus-Brücke** gehört zu den größten Klappbrücken in Westeuropa. Spektakulär wird es, wenn ein Schiff die Ems passieren will. Dann klappen sich 63 m Bundesstraße mitsamt Radweg und Straßenlaternen in die Höhe. Die Brücke befindet sich auf der B 436.

ADAC Mobil

Mit einer **handgezogenen Fähre** ans andere Ufer gebracht zu werden ist ein besonderes Erlebnis, das Nordseeurlauber in Leer haben können. Die Tradition der handgezogenen Fähren ist hier schon mehr als 450 Jahre alt, seitdem hat sich nicht viel verändert. Selbst die Bauform ist dieselbe geblieben, eine wahre Zeitreise im Vorort Wiltshausen.
Mai–Sept. Mi–So 10–17.45 Uhr

Altstadt von Leer. Dort werden außerdem Exponate aus der Welt des Tees, also Kannen, Verpackungen und Ladeneinrichtungen von früher gezeigt.

■ Brunnenstr. 33, Tel. 0491/992 20 44, www.buenting-teemuseum.de, Di–Sa 10–18, April–Dez. Mo 10–18, April–Okt. So 14–17 Uhr, 3 €, Kinder bis 18 J. frei

6 Wilhelminengang

| Straßenzug |

Verwunschen windet sich die Kopfsteinpflasterstraße an den Backsteinhäusern entlang, Rosen wuchern die Wände hoch. Die Gasse ist eigentlich zu schmal für den Autoverkehr, und genau das macht sie so reizvoll.

■ Zwischen Rathaus- und Hellingstraße

 Haus Samson

| Architektur |

Eines der schönsten Häuser in Leer befindet sich in direkter Nachbarschaft zum Rathaus. Es wurde 1570 im niederländischen Barockstil errichtet. Heute teilen sich die Räumlichkeiten eine Weinhandlung sowie ein kleines Museum, das ostfriesisches Wohnen von einst zeigt, etwa eine historische Küche, natürlich mit Teeservice, aber auch eine gute Stube. Die Weinhandlung selbst mit ihrer antiken Einrichtung ist ebenfalls sehenswert.

■ Rathausstr. 18, Tel. 04 91/92 52 30, www.wein-wolff.de, Mo–Do 9–17, Fr 9–13 Uhr, 2 €, Kinder 0,50 €

 Kunsthaus Leer

| Museum |

Ostfriesische Kunst kann mehr als nur Ottifanten, das jedenfalls beweist das Kunsthaus Leer. Der Fokus der Ausstellung liegt auf zeitgenössischer Kunst aus der Region, der Zeitraum geht längstens 100 Jahre zurück.

■ Turnerweg 5, Tel. 04 91/926 15 31, www.landkreis-leer.de/kunsthaus-leer, Di–Do, Sa, So 14–17 Uhr

 Schloss Evenburg

| Burg |

Im Landkreis Leer gehört die Evenburg zu den schönsten Adelssitzen. 1862 im Stil der Neogotik errichtet, ist sie eingebettet in einen großen Park. Wer den Besuch plant, sollte sich erkundigen, ob es gerade Kulturveranstaltungen im Schloss gibt. Es lohnt sich, ebenso wie das angeschlossene Café.

■ Am Schlosspark 25, Tel. 04 91/99 75 60 00, www.schloss-evenburg.de, Mitte März–Dez. tgl. 10–18 Uhr, 5 €, Kinder bis 18 J. frei, keine Hunde

 Restaurants

€ | Frittenzeit Der Hunger ist nicht groß oder die Zeit knapp? Dann lohnt sich ein Stopp in der Frittenzeit: Ein moderner Imbiss interpretiert Fast Food auf neue Art und Weise. Die Dips sind hausgemacht, der Kibbeling (Kabeljau) kommt im saftigen Teigmantel.

■ Brunnenstr. 2, www.frittenzeit.de, tgl. 12–18 Uhr, Plan S. 53, b2

€€ | **Kulturspeicher** Ein Garten mit alten Bäumen, Skulpturen und lauschigen Sitzen lockt am Ufer der Leda. Als der Hafen an Bedeutung verlor, standen die Räume lange ungenutzt. Heute finden dort Konzerte, Lesungen oder Diskussionsrunden statt. ■ Wilhelminengang 2, Tel. 04 91/92 53 20, www.leer.de, Mo–Fr 11.30–18, Sa, So ab 9.30 Uhr, Plan S. 53, b2

Cafés

7 **Jimmy's Altstadt Café** Das Café ist ein beliebter Treffpunkt, dort gibt es stilecht den ostfriesischen Krintstuut, den man mit Butter bestrichen zum Tee genießt. Und weil Jimmy auf seinen vielen Reisen die Welt kennengelernt hat, hat er auch türkischen Mokka mitgebracht, den er mit dem zuckersüßen Konfekt Lokum serviert. ■ Rathausstr. 11, Tel. 04 91/28 88, Mo, Mi–Sa 11–18, So ab 13 Uhr, Plan S. 53, b3

Kaffeerösterei Baum Es duftet nach frisch geröstetem Kaffee – und das fast direkt am Hafen: Die Rösterei Baum setzt einen Gegenpol zum vielen Tee in der Gegend. In der gläsernen Rösterei können die Besucher zuschauen, wie die Bohnen veredelt werden. ■ Mühlenstr. 41, Tel. 04 91/20 32 01 10, www.kaffeeroestereibaum.de, Mo–Fr 8–18, Sa 8–17 Uhr, Plan S. 53, c2

Einkaufen

Nischengeschäft im Designhuus Hier gibt es Geschenke und Design, Handarbeit und Schmuck aus Deutschland und der Region, aber auch Kulinarisches aus der Küche der Landleckerei. Eine kleine, sympathische Fundgrube zum Stöbern und Entdecken. ■ Brunnenstr. 1, Tel. 0491/79 69 60 99, www.designhuus.de, Di–Fr 10–18, Sa 10–16 Uhr, Plan S. 53, b2

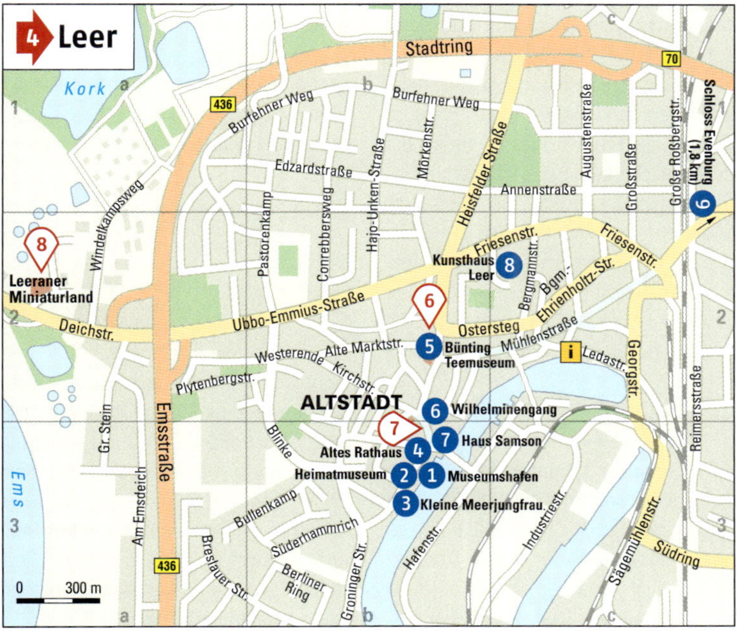

4 Leer

Ostfriesenidylle im Maßstab 1:87 – zu bestaunen im Leeraner Miniaturland

Events

Das größte Fest Ostfrieslands findet im Leer statt. Seit 1508 feiert man hier den **Gallimarkt**. Dann blinken die Lampen der Fahrgeschäfte, und es riecht nach Zuckerwatte. Er entstand als Handels- und Viehmarkt mit Kühen, Pferden, Schweinen, Schafen und Hühnern. Bis heute machen die Bauern dort ihre Geschäfte per Handschlag. Der Viehmarkt bildet nun den kleinsten Teil des Gallimarkts, der zu einem großen Volksfest mit Fahrgeschäften und Fressbuden geworden ist. ■ Fünf Tage ab dem 2. Mittwoch im Okt., www.gallimarkt.net

Erlebnisse

8 **Leeraner Miniaturland** Das Miniaturland in Leer ist Deutschlands zweitgrößte Modellbauanlage und verzückt nicht nur Kinder. Dort bewundern sie etwa, wie die Meyer-Werft in Papenburg die Kreuzfahrtriesen herstellt, wie in Emden Züge vom Hauptbahnhof abfahren oder in Berlin das Bundeskanzleramt aussieht. Wer frische Luft schnappen will, kann sich bei einer Runde Minigolf oder auf dem Spielplatz vergnügen. ■ Konrad-Zuse-Str. 1, Tel. 04 91/454 15 40, www.leeraner-miniaturland.de, tgl. 10–18 Uhr, 15 €, Kinder (5–14 J.) 8 €, Familien 34 €, Plan S. 53, a2

In der Umgebung

Dollart

| Landschaft |

9 *Naturerlebnisse und Aktivurlaub an der Mündung der Ems*

Mehr als 30 Dörfer wurden im 13. Jh. zerstört, als eine Sturmflut die Meeresbucht des Dollart im Mündungsästuar der Ems geformt hat. Heute ist es eine wunderbare Gegend nicht nur zum Flanieren am Ufer mit Blick auf Holland, sondern auch zum Paddeln bei Flut. Die Anreise erfolgt am besten über die Fährhäfen Petkum und Ditzum.

9 Rhauderfehn

Eine Stadt mitten im Fehnland, geprägt von unzähligen Kanälen und Brücken

Information

■ Gemeinde Rhauderfehn, Südwieke 2 a, 26817 Rhauderfehn, Tel. 049 52/90 30

Am Netz der Kanäle liegt Rhauderfehn und bezaubert neben seiner Wasserwelt auch mit den vielen Mühlen. Einen guten Überblick über die Geschichte der Region gibt das Fehn- und Schifffahrtsmuseum, das in einer denkmalgeschützten Jugendstilvilla untergebracht ist. Dabei werden Geräte und Techniken gezeigt, wie das Moor urbar gemacht wurde, und es gibt Infos zu Schifffahrt und Schiffbau (Rajen 5, Tel. 049 52/ 90 32 80, http://fehn-schiffahrtsmuseum.de, März–Okt. Mi–So 10–17, Mai–Sept. auch Di, 3 €, Kinder ab 6 J. 1 €). Die Mühle Hahnentange ist ebenso ein schönes Beispiel für die Traditionen. Sie stammt aus dem Jahr 1886 und ist heute ein lebendiges Museum. Besonders beliebt am Sonntag als Ausflugsziel mit dem kleinen integrierten Café (Südwieke 207, Tel. 049 52/21 69, www.hahnentanger-muehle.net, März–2. Advent So 14–18 Uhr).

Im Blickpunkt

Windenergie: Ostfriesland dreht am Rad

Geht es um Stromgewinnung aus Wind, sind die Niedersachsen spitze: Rund 10,6 Gigawatt speisen die Anlagen in das Stromnetz ein, mehr als in jedem anderen deutschen Bundesland. Einige Masten finden sich offshore (jenseits der Küste), viele aber auch auf den Feldern. Kein Wunder, dass nicht nur die Windräder in Ostfriesland zu finden sind, sondern auch deren Hersteller. Viele der Anlagen stammen allerdings aus den 1990er-Jahren und müssen abgebaut werden, weil sie technisch nicht mehr einwandfrei laufen. Sie sollen durch höhere und leistungsfähigere Anlagen ersetzt werden.

Einkaufen

Glockenhaus In einem niedrigen, alten Bauernhaus gewährt diese Töpferei einen Einblick in ihre Arbeit. Im Ausstellungsraum sind viele Objekte wie Tassen, Teller, Schüsseln, aber auch Skulpturen zu sehen. Im Sortiment sind aber auch außergewöhnliche Bücher und Schmuck. ■ Groot Karkweg 13, Tel. 049 55/93 41 84, www.glockenhaus.de

Sport

Wer eine Tour mit dem Rad unternehmen will, wählt am besten die **Moorerlebnisroute**. Sie ist etwa 100 km lang und erstreckt sich an der Esterweger Dose, dem großen Moorgebiet der Region. ■ www.moorerlebnisroute.de

10 Westerstede

Ein blühendes Wunder: die Rhododendron-Hauptstadt Deutschlands

Information

■ Touristik Westerstede e.V., Am Markt 2, 26655 Westerstede, Tel. 044 88/556 60, www.westerstede-touristik.de

Wenn sie blühen, dann stellen sie jede Mandelblüte auf Mallorca in den Schatten: Westerstede ist die Rhododendronstadt. Die großen Büsche stehen wirklich überall. Neben dieser botanischen Spezialität lockt die Stadt aber auch mit eigenen Sehenswürdigkeiten. Auf dem Weg dorthin aber ziehen überall Bäume und Formschnitt von Büschen den Blick auf sich.

Sehenswert

Ammerländer Spielzeugmuseum

| Museum |

Eisenbahnen, Puppen, Teddys, Blechspielzeug und Kaufläden – wer nostalgisches Kinderspielzeug mag, ist in diesem privat geführten Museum genau richtig. Das Spielgerät stammt aus den letzten drei Jahrhunderten.

■ Kuhlenstr. 17, Tel. 044 88/33 08, Di–Do 10–18 Uhr, 5 €, Kinder 3 €

St. Petri Kirche und Orgel

| Kirche |

Als größte Kirche ist der Backsteinbau zugleich Wahrzeichen der Stadt, aus deren Silhouette der 46 m hohe Turm ragt. Sehens- und vor allem hörenswert ist die Orgel aus dem Jahr 1687.

■ Kirchenstr. 2

Rhododendronpark Hobbie

| Park |

Mit seiner Fläche von 70 ha gehört er zu Europas größten Rhododendronparks. Vor allem im Frühjahr lohnt sich der Besuch, wenn die baumhohen Gewächse erblühen. Ein 2,5 km langer Rundweg führt durch das Gelände.

■ Alpenrosenstr. 7, Tel. 044 88/22 94, www.hobbie-rhodo.de, Mitte April–Mitte Juni, 7,50 €, Kinder und Hunde frei, außerhalb der Blütezeit kostenlos

Belinda Berger Galerie

| Galerie |

In einem Ammerländer Bauernhaus präsentiert die Keramikkünstlerin ihre Werke, die sonst auch in Designmuseen in New York, San Francisco oder London zu finden sind. Der Schwerpunkt liegt auf edler Keramik, verziert mit Tiermotiven – nicht verspielt, sondern sehr schlicht.

■ Mühlenbrink 17, Tel. 044 88/52 53 91, www.belindaberger.de, Sa, So 16–18 Uhr oder einfach klingeln

Verkehrsmittel

Draisine Auf dem stillgelegten Gleis einmal ordentlich per Handantrieb Gas geben, das macht nicht nur Familien Spaß: Die **Draisinentour** ist bei Einheimischen wie auch bei Gästen sehr beliebt. Hin und zurück ist die Strecke 14 km lang, drei Stationen bieten Möglichkeiten zur Pause. ■ Buchbar beim Tourismusbüro, April–Mitte Okt., ab 30 €

Bühne

Freilichttheater Eine große Kultur des Freilichttheaters gibt es in Westerstede. Der Marktplatz verwandelt sich im Sommer zur Kulisse und Bühne für Aufführungen des dortigen Open-Air-Ensembles. Ob Kinderstücke oder Erwachsenenkomödien – das Repertoire ist groß. ■ www.freilichttheater.info

Kinder

LandErlebnis Janßen Manchmal steht das Leben Kopf, wie in der umgedrehten Scheune in diesem Freizeitpark. Auf dem Gelände des ehemaligen Vogelparks hat sich ein Kinderabenteuerland etabliert, das ganz das Landleben

zum Thema hat: Ob Treckerbahn oder Streichelzoo, Rutschen oder Matschen – es gibt viele Angebote, während die Eltern im Hofcafé entspannen. Ideal für Kinder bis zum Grundschulalter.
■ Seghorner Weg 6, Tel. 04488/8420071, www.landerlebnis.de, 9,50 €, tgl. 10–19, im Winter bis 18 Uhr

 **In der Umgebung**

Schinkenmuseum
| Schinkenräucherei |
Knapp 10 km von Westerstede entfernt lockt das Ammerländer Schinkenmuseum. Dort reifen noch jedes Jahr 200 Schinken heran – wie eh und je nach der Tradition im Ammerland.
■ Hauptstr. 212, Apen, Tel. 04489/940 9977, www.schinkenmuseum.de, April–Sept. Mo–Fr 10–13, 14–17, Sa 10–13 Uhr, 5 € (inkl. Verkostung)

11 Bad Zwischenahn

Kurstadt mit blühenden Parks und einem See, der liebevoll Meer genannt wird

 **Information**

■ Bad Zwischenahn Touristik, Unter den Eichen 18, 26160 Bad Zwischenahn, Tel. 04403/61159, www.bad-zwischenahn-touristik.de

Wenn der Wind durch das Schilf weht, bringt er auch immer einen Hauch Moorgeruch mit: Bad Zwischenahn lebt von dem wabbeligen Untergrund, der Ruf als Kurstadt Nr. eins in Niedersachsen geht auch auf die Heilkraft des Moores zurück. Doch Moorpackungen sind es nicht allein, die die Menschen in die Kleinstadt ziehen. Sie wurde 1124 erstmals erwähnt, als die Johannes-Kirche, das hübsche Backsteinensemble im Ort, gegründet wurde. Vor allem im Frühling lohnt sich ein Besuch, die Rhododendrenblüte zieht Menschen von weit her ins Ammerland.

Der Park der Gärten in Bad Zwischenahn wartet mit über 40 Themengärten auf

 **Sehenswert**

Park der Gärten
| Park |
 *Aufwendig gestaltete Blumenshow mit Themengärten*
Einmalig ist die Rhododendrenpracht im Park der Gärten, Besucher kommen im Frühjahr von weit her, um die Blüten zu bestaunen. Diese dickblättrigen Büsche, die so mancher als kleine Sträucher im Garten hat, können baumhoch werden und dabei wunderbar blühen. Auch wenn die Rhododendrongärten einmalig in Europa sind, hat der Park

Das 1874 errichtete Alte Kurhaus ist von einem weitläufigen Park umgeben

darüber hinaus noch 40 weitere Gärten zu bieten, die er in sich vereint.
■ Elmendorfer Str. 40, Tel. 044 03/819 60, www.park-der-gaerten.de, April–Okt. tgl. 9.30–18.30, Ausgänge schließen um 21.45 Uhr, 14 €, Kinder unter 18 frei, Hunde sind nicht gestattet

Altes Kurhaus

| Architektur |

Das schneeweiße Gebäude mit seinen Türmchen ist ein schöner Blickfang in dem umgebenden Park: Das Alte Kurhaus aus dem Jahr 1874 ist heute Treffpunkt für Gäste in Bad Zwischenahn, sei es mit der Bibliothek, mit Konzerten im Spiegelsaal oder dem Restaurant Oskar's – stets mit Blick aufs Meer.
■ Auf dem Hohen Ufer 20, Tel. 044 03/ 611 67

Ammerländer Bauernhaus

| Freiluftmuseum |

Eine Zeitreise in das frühe 18. Jh. verspricht das Freilichtmuseum Bad Zwischenahn. 17 historische Bauernhäuser sind zu einer Hofstelle zusammengefügt. Neben Scheunen, Schäferhütten, einer Schmiede, einem Backhaus und Wohnhäusern ist auch eine Windmühle zu sehen. Das Museum liegt direkt am Wasser, thematisch zum Haus gehört auch das Boßelmuseum.
■ Auf dem Winkel 26, Tel. 044 03/20 71, www.ammerlaender-bauernhaus.de, April–Okt. tgl. 11–17 Uhr, 6 €, Kinder und Kurkarteninhaber 4,50 €

Verkehrsmittel

Wer sein Auto stehen lassen möchte und das Meer mal vom Wasser aus ansehen möchte, steigt in eines der Schiffe der **Weißen Flotte**. In einer 70-minütigen Rundfahrt schippert sie die Gäste vom Hauptanleger Bad Zwischenahn über den Zwischenstopp in Rostrup beim Park der Gärten bis nach Dreibergen und wieder zum Startpunkt. ■ Am Hogen Hagen 1, Tel. 044 03/ 30 56, www.weisseflottezwischenahn.de, Rundfahrt 13 €, Kinder 6 €, Hund 2,50 €, Familienkarte 27 €, teilweise barrierefrei

Parken

Zwischen Bahnhof und Kurpark stehen viele Parkplätze zur Verfügung, Kostenfaktor: 1 € pro Stunde.

Restaurants

€€ | **Spieker** Eine Zeitreise hinein ins idyllische Landleben bietet sich am Restaurant Spieker. Es ist Teil des Freilichtmuseums und bietet liebevoll zubereitete regionale Spezialitäten auf. ■ Am Hogen Hagen 4, Tel. 04403/2324, www.spieker-gaststaette.de, tgl. 10–23 Uhr

Einkaufen

Wochenmarkt Sonnabends von 7 bis 12 Uhr findet auf dem Marktplatz Am Brink ein Markt statt.

Aalräucherei Bruns Frisch aus dem Räucherofen kommt der Aal bei Bruns, im angegliederten kleinen Bistro sind allerlei Spezialitäten im Angebot, darunter auch Brataal. ■ Peterstr. 9, Tel. 04403/3132, www.aal-bruns.de, Mo–Fr 9.30–18, Sa 9–16, So 10–18 Uhr

Casinos

Spielkasino Im Fachwerkhaus wird es für Glücksspielfans spannend, denn darin befindet sich das Casino des Ortes mitsamt Roulette. In der ersten Etage locken die Automaten. ■ Eiden 11, Tel. 04403/938 00 23, www.spielbank-bad-zwischenahn.de, Eintritt 3 €, So–Do 14–1.30, Fr, Sa 14–2 Uhr

Kinder

Wasserspaß pur bietet das **Zwischenahner Meer**. Es gibt einen Badestrand am Kurpark. Am Westufer in Rostrup findet sich sogar ein Sandstrand. Kinder lieben Bootfahren, dazu bieten sich Tretboot- oder Elektroboote an, etwa an den Stegen am Kurpark. An den Anlegern Dreibergen kann man Segelboote mieten. ■ April–Okt. tgl.

In der Umgebung

Gristeder Wald

| Park |

Wenn Baumschulen Parks anlegen, erschaffen sie mitunter traumhafte Welten: So ist das am Gristeder Wald geschehen, der von der ortsansässigen Baumschule Bruns angelegt wurde. Er ist heute wohl das Ziel Nr. eins der Rhododendron-Fans. 800 verschiedene Sorten sind dort zu finden. Die Blüte dauert von Ende April bis Anfang Juni.

■ An der Landstraße von Bad Zwischenahn nach Wiefelstede

Im Blickpunkt

Nessie in Bad Zwischenahn

Nicht nur Schottland kann Loch Ness, auch im Zwischenahner Meer gibt es ominöse Gestalten. In den 1970er-Jahren tauchten Schlagzeilen auf, nach denen ein riesenhafter Wels dort sein Unwesen treiben soll. Ein Wasserschutzpolizist hatte eine riesige Flosse gesehen und einen Strudel bemerkt. Experten schlossen auf einen Wels, der hier schon mal eine Länge von 3 m haben könnte. Immerhin wurden 1938 und 1975 Welse in dem Gewässer ausgesetzt. Schnell machten Boulevardzeitungen aus dem unbekannten Tier das »Loch Ness« von Zwischenahn. Lange war es still um den Fisch, erst 1998 hat erneut jemand ein derart riesenhaftes Tier gesehen, seitdem nicht mehr. Jedes Jahr aber erinnert die große Bad Zwischenahner Welswette mit Welsessen an diesen Vorfall.
Am Marktplatz von Bad Zwischenahn steht zudem ein riesiger Bronzewels, der an diese Ereignisse erinnert.

Gefällt Ihnen das?

Sie lieben blühende Rhododendren? Dann schnappen Sie sich Ihr Rad und machen sich auf den Weg zur **Rhododendronroute**. Sie führt entlang der drei großen Rhododendrenparks der Region, vom **Hobbie-Park** (S. 56) über den Gristeder Wald (S. 59) zum **Park der Gärten** (S. 57). Sie ist 45 km lang und lässt sich in beiden Richtungen befahren. Zudem finden sich viele Rhododendren in der Gegend von Norden, u. a. im **Schlosspark von Lütetsburg** (S. 78).

Kletterwald in Wiefelstede

| Kletterpark |

Klettern in verschiedenen Höhen, immer wieder aufs Neue die Mutprobe machen, ob man sich den jeweiligen Parcours auch zutraut: Der Kletterpark bietet nicht nur Spaß an den Seilen, sondern auch Fußballgolf und Stand up Paddling, Bogenschießen und Floßbau.

■ Dorfstr. 8d, Wiefelstede-Conneforde, Tel. 04458/9487885, www.buhl-activity-parks.de, 23,50 €, Kinder 20,50 €

Oldenburg

| Großstadt |

Oldenburg ist ein schönes Ausflugsziel. Die Stadt lohnt sich nicht nur kulturell mit dem Staatstheater und vielen anderen kleinen Bühnen, sie ist auch als Ort der Museen spannend zu entdecken. Neben Stadt- und Landesmuseum lockt vor allem das Horst-Janssen-Museum in dem futuristisch anmutenden Bau. Es zeigt Werke des Künstlers. Technikfreunde lieben das Computermuseum der Stadt. Ein Bummel durch die Fußgängerzone mit den schönen Läden und dem angrenzenden Schlosspark lohnt sich allemal.

■ Oldenburg-Tourismus, Lange Str. 3, 26122 Oldenburg, Tel. 0441/36161366, www.oldenburg-tourismus.de

12 Saterland

Eine Gegend mitten im Moor mit einer ganz eigenen Sprachkultur

Die kleinste Sprachinsel Europas ist vor allem hörenswert: Saterfriesisch wird nur noch von rund 2250 Menschen gesprochen. Um die Sprache zu schützen, wurde ein umfassendes Bildungsprogramm, das die Verbreitung des Saterfriesischen wieder stärken soll, eingerichtet. Wer sich mehr mit der Sprache befassen will, findet im Internet ein Wörterbuch (www.saterfriesisches-wörterbuch.de), ansonsten ist in der Region alles zweisprachig beschildert. Die saterfriesische Sprachinsel konnte sich deswegen halten, weil die Region durch die Moore so sehr von der Umgebung abgeschottet war und eine eigene Kultur entwickelt hat.

Sehenswert

Esterweger Dose

| Moor |

In dem größten zusammenhängenden Moor in Mitteleuropa haben sich noch einige Überreste, die der Mensch nicht durch Urbarmachung oder Torfabbau dem Boden abgetrotzt hat, erhalten. So ist die Esterweger Dose eines der letzten erhaltenen Moore dieses Gebiets. Doch auch dort arbeiten die Menschen noch und bauen Torf ab, bis zum Jahr 2036 ist dort Torfabbau genehmigt. Momentan werden die Flächen wieder vernässt und renaturiert.

Gedenkstätte Esterwegen

| KZ-Gedenkstätte |

Wer kennt es nicht, das Lied: »Wir sind die Moorsoldaten«? Es ist allerdings in einem traurigen Zusammenhang entstanden, denn in Esterwegen befand sich in den Jahren von 1933 bis 1945 eines der größten Konzentrationslager in Deutschland. Die inhaftierten Kriegs- und Militärgefangenen mussten in Zwangsarbeit unter harten Bedingungen mit einfachstem Werkzeug das Moor kultivieren und trockenlegen. Eine 2011 eingerichtete Gedenkstätte erinnert an diese grausame Zeit.

■ Hinterm Busch 1, Esterwegen, Tel. 059 55/98 89 50, www.gedenkstaette-esterwegen.de, April–Okt. Di–So 10–18, Nov.–März bis 17 Uhr, Eintritt frei

Erlebnisse

Kartbahn In Ramsloh bietet eine Kartbahn die Möglichkeit, seine Rennfahrkünste einmal auf die Probe zu stellen.

■ www.ramsloh-karting.de

Moorbahn Die Moorbahn Seelter Foonkieker fährt Besucher auf einer alten Lorenstrecke tief in die Landschaftsform Moor. Die ruckelnde Fahrt mit der Lore ist immer ein Erlebnis. ■

Torfwerk Moorkultur Ramsloh, Tel. 044 98/706 88 30, www.moorfahrten.de, 7 €

In der Umgebung

Moor- und Fehnmuseum Elisabethfehn

| Museum |

In einem Kanalwärterhaus aus dem Jahr 1896 befindet sich dieses Museum, dessen schaurig-spannender Höhepunkt die Moorleiche ist: Sie ist 1000 Jahre alt und stammt von einem Jungen, der damals im Moor umgekommen ist. Zartbesaitete Besucher schauen sich lieber die Dokumentationen zum Thema Moor an. Hübsch ist auch die angegliederte Teestube.

■ Oldenburger Str. 1, Barßel, Tel. 044 99/22 22, www.fehnmuseum.de, 15. März–Okt. Di–So 10–18 Uhr, 5 €, Kinder ab 6 J. 2,50 €

Im Barßeler Hafen legt das Fahrgastschiff »MS Spitzhörn« zu Rundfahrten ab

Übernachten

Es muss nicht immer das klassische Hotel sein – wie wäre es einmal mit einer Übernachtung im Baumhaus? In Bad Zwischenahn nächtigt man in einer Höhe mit Eichhörnchen und Amseln. Es bleibt nicht die einzige ungewöhnliche Übernachtungsmöglichkeit dieser Region. Bauwagen, Weinfass oder gar Schokoladenhotel bieten sich ebenfalls an. Wem das alles zu abenteuerlich ist – keine Sorge. Hotels, ganz normal, mit Zimmern in einem Haus gibt es auch.

Leer 50

€ | Freizeitpark am Emsdeich Direkt am See in einem Holzhäuschen übernachten mit Blick auf das Wasser – diese romantische Mischung zwischen Camping und Ferienhäuschen bietet der Freizeitpark am Emsdeich, dem zugleich ein Campingplatz angeschlossen ist, seinen Gästen. Auf dem Gelände finden sich nicht nur die Woodlodges, sondern auch Schlaffässer, in denen es sich abenteuerlich nächtigen lässt. ■ Deichstr. 7 a, 26810 Westoverledingen, Tel. 049 55/92 00 40, www.ostfriesland-camping.de

€€ | Hotel am Fischerhafen Schlicht, elegant und modern präsentieren sich die Zimmer des Hotels am Fischerhafen. Es liegt in Jengum direkt am Hafen und bietet beste Möglichkeiten für wunderbare Radtouren.Familien fühlen sich in den zweietagigen Zimmern besonders wohl. ■ Am Tief 1, 26844 Jemgum, Tel. 049 02/98 99 90, www.hotel-am-fischerhafen.de

€€ | Schlafen auf dem Hausboot In Weener kann man auf einem Hausboot übernachten – in einem Hafen, der für seine historischen Schiffe bekannt ist. Die »Lady Animo« ist komplett mit Heizung, Fernseher, Kühlschrank und Backofen ausgestattet. Buchbar bei Ostfriesland Tourismus. ■ www.unterkunft.ostfriesland.de

€€€ | Hotel Hafenspeicher Im alten Speichergebäude aus Backstein befindet sich dieses Vier-Sterne-Haus, das erst 2016 eingeweiht wurde. In den Innenräumen wird das Flair der alten Räumlichkeiten wieder lebendig, denn der Speicher stammt aus dem Jahr 1872. Hier können Gäste den Blick auf den Hafen schweifen lassen oder im hauseigenen Restaurant Pier 23 genussvoll speisen. ■ Ledastr. 23, 26789 Leer, Tel. 0491/997 53 00, www.hotel-hafenspeicher.de

Rhauderfehn 55

€ | Übernachten im Bauwagen Der rote Bauwagen steht mitten in der Natur, direkt am Fluss. Wer will, kann morgens schon eine kleine Paddeltour zum Sonnenaufgang unternehmen. Mit 16 km^2 ist der Bauwagen gar nicht mal so klein und sehr gemütlich eingerichtet. Sanitäranlagen befinden sich in unmittelbarer Nachbarschaft. An kalten Tagen sorgt ein Holzofen für Wärme. Obwohl es so idyllisch ist, befindet sich der Bauwagen ganz nah am Zentrum. ■ Am Siel 6 a, 26817 Rhauderfehn, Tel. 049 52/92 14 41, www.cafe-rhauderfehn.de

Westerstede 55

€€€ | Schokoladenhotel Einzigartig in Deutschland ist ein Hotel, das sich ganz dem Thema Schokolade widmet: Das Schokoladenhotel in Westerstede ist nicht nur im Schokoladenlook eingerichtet, sondern unterhält auch noch eine eigene Schokomanufaktur. Und natürlich gibt es auch diverse Wellnessanwendungen mit der bräunlichen Creme. ■ Bahnhofstr. 17, 26655 Westerstede, Tel. 04488/5190, www.schokoladenhotel.de

Bad Zwischenahn 57

10 **€€ | Baumgeflüster** In den Baumwipfeln schlafen, vom Vogelgezwitscher geweckt werden? Das Resort Baumgeflüster in Bad Zwischenahn gehört zu den ungewöhnlichsten Übernachtungsmöglichkeiten in Niedersachsen. Die Stelzenhäuser stammen aus dem Jahr 2011 und sind in modernem Stil mit wohligwarmen Holztönen eingerichtet. Das Lärchenholz duftet noch beim Schlafen wohltuend, und es stehen ein Balkon sowie ein Wohnzimmer, von dem aus man nichts als Grün sieht, zur Verfügung. Fernseher und Radio sind dort übrigens Fehlanzeige, hier greift der Gast aber gern zum guten Buch. ■ Brannenweg 22, 26160 Bad Zwischenahn, Tel. 04403/620272, www.baumgefluester.de

€€ | Seehotel Fährhaus Als einziges Hotel befindet sich dieses Haus direkt am Meer von Bad Zwischenahn. Drinnen knistert in der kalten Jahreszeit der Kamin, und von den Balkonen und Terrassen schweift der Blick weit über das Wasser. Die Ausstattung ist gehoben und schlicht. Ein eigener Spa-Bereich sorgt für Entspannung. ■ Auf dem Hohen Ufer 8, 26160 Bad Zwischenahn, Tel. 04403/6000, www.seehotel-faehrhaus.de

Auf der Terrasse des Seehotels Fährhaus kann man wunderbar am Wasser sitzen

Saterland 60

€ | Gut Altenoythe Ferien auf dem Bauernhof – nicht immer hält dieses Angebot, was es verspricht. Der Bauernhof aber von Familie Wreesmann bietet Familienidylle pur: Ob Ponyreiten, Angeln am eigenen Fischteich oder Kettcarfahren – die Möglichkeiten, die Kinder draußen zu beschäftigen, sind groß. Die Ferienwohnungen sind hübsch eingerichtet und geräumig. ■ Vitusstr. 9, 26169 Altenoythe, Tel. 04491/921223, www.wreesmann.de

Rund um Emden

Holland in Blickweite, ob in Emden oder an der Krummhörn, die den touristischen Höhepunkt dieser Region darstellt

Zwischen Emden, Aurich und Norden befindet sich die westlichste Ecke Ostfrieslands. Anziehungspunkt Nr. eins ist Greetsiel, der alte Fischerhafen, der mit seiner Krabbenkutteridylle noch so aussieht wie vor 100 Jahren. Dort gibt es sie sogar noch, die Krabben frisch vom Kutter. Der Ort liegt wunderschön an der Leyhörn, die als Naturschutzgebiet vor allem für Vogelkundler ein Paradies darstellt. Die Krummhörn trennt die Bucht von Emden von Holland. Die Gegend dort ist weitläufig, und die Distanzen entpuppen sich aufgrund der schmalen Straßen oftmals als zeitintensiver, als der Blick auf die Karte suggeriert. Doch die Zeitinvestition lohnt sich, denn die Krummhörn ist eine der letzten Idyllen mit ihren ehemaligen Häuptlingsburgen und den Kirchen mit den historischen Orgeln.

Wer es urbaner mag, der sucht Emden auf, die Stadt ist vor allem in kultureller Hinsicht interessant – mit dem Otto-Haus, der Kunsthalle Emden und dem hübschen Hafen, von dem aus die Fähren nach Borkum übersetzen. Auch die zweite Ostfriesin, Aurich, strahlt eine schöne Stimmung mit den kleinen Straßen, den Parks und ungewöhnlichen Museen aus. Wer es einsamer mag, kann zur Krummhörn, zum Eversmeer oder ins Südbrookmerland weiterziehen. So richtig trubelig wird es dann wieder in Norden und Norddeich, dem Städteduo an der Küste.

In diesem Kapitel:

ADAC Top Tipps:

Kunsthalle Emden
| Museum |

Die großen Künstler des Expressionismus stellt die Kunsthalle in einer gemeinsamen Sammlung vor. 70

Otto-Leuchtturm in Pilsum
| Leuchtturm |

Er ist klein und gedrungen, aber seit Otto Waalkes drittem Film von 1989

ein Fernsehstar: der gelb-rot geringelte Leuchtturm von Pilsum. 83

ADAC Empfehlungen:

Moormuseum Moordorf

| Freilichtmuseum |

Leben und Überleben im Moor: Darüber informiert dieses Freilichtmuseum sehr eindrucksvoll. 79

Hafen von Greetsiel

| Hafen |

Mit den Backsteinhäusern und dem lebendigen Kutterhafen präsentiert sich diese Stadt wie eine perfekte ostfriesische Postkartenidylle. 81

Wandern an der Leyhörn

| Wanderung |

Wie ein Nadelöhr ragt die Leyhörn in das Wattenmeer – ein Naturschutzgebiet und perfekt zum Wandern. 83

Rysum

| Dorf |

Die älteste bespielbare Orgel der Welt ist nicht nur ein akustisches, sondern auch ein optisches Erlebnis. 84

Osterburg Café, Krummhörn

| Café |

In einer alten Häuptlingsburg versteckt sich ein idyllisches Café im perfekten Landhausstil. 85

13 Emden

Grachten, Festungswälle und eine reiche Kultur

Die Museumsschiffe »Georg Breusing« und »Deutsche Bucht« vor dem Rathausplatz

Information

■ Tourist-Info Emden, Bahnhofsplatz 11, 26721 Emden, Tel. 049 21/974 00, www.emden-touristik.de

Ein Glaubensstreit brachte Emden (50 600 Einw.) einen wirtschaftlichen Aufschwung: Infolge des Niederländischen Befreiungskrieges flüchteten im Jahr 1570 viele Protestanten aus Holland und der Umgebung nach Emden. Das kleine Hafenstädtchen erblühte daraufhin wirtschaftlich, denn die Flüchtlinge brachten Geld, Know-how und Handelsbeziehungen mit. Emden avancierte zu einem der größten Häfen Norddeutschlands. Doch die Blüte währte nur kurz, denn die Flüchtlinge kehrten schon bald wieder in ihre Heimatregionen zurück. Hinterlassen haben sie eine Grachtenstadt.

Sehenswert

Dat Otto Huus

| Museum |

Der Bau ist wohl der berühmteste Botschafter des trockenen ostfriesischen Humors: Kein Wunder, dass die Geburtsstadt von Otto Waalkes ihrem berühmtesten Sohn ein eigenes Museum gewidmet hat – und das zu Lebzeiten des Künstlers. Hier gibt es nicht nur

Plan
S. 69

Ottifanten und Co., der Besucher bekommt auch Einblick in Leben und Karriere des Komikers. In der Dollartstraße kann man übrigens küssende Ottifanten als Statue bewundern.

■ Große Str. 1, Tel. 049 21/221 21, www.datottohuus.de, Mitte Feb.–6. Jan. Mo–Fr 9.30–18, Sa bis 14, April–Okt. So auch 10–16 Uhr, 4 €, Kinder 2 €

2 Rathaus und Ratsdelft

| Architektur |

»Concordia res parvae crescunt« – »in Eintracht wachsen kleine Dinge«, dieser Spruch prägt das Rathaus von Emden. Das Gebäude und Wahrzeichen der Stadt stammt aus dem 16. Jh. und wurde dem Antwerpener Rathaus nachempfunden. Davon ist nur die Idee übrig geblieben, denn 1944 wurde das Gebäude von einem alliierten Bombenangriff in Schutt und Asche gelegt und nach dem Krieg modernisiert wieder aufgebaut. Im Gebäude befinden sich das Ostfriesische Landesmuseum und die Rüstkammer. Vor dem Rathausplatz liegt die Ratsdelft, das alte Hafenzentrum Emdens. In der Verlängerung des Hafens ist das Hafentor aus dem Jahr 1635 sichtbar.

■ Brückstr. 1

3 Ostfriesisches Landesmuseum

| Museum |

Gemälde, Drucke und Plastiken zeigen, wie Ostfriesland, Emden und Umgebung im Lauf der Zeit ihr Gesicht geändert haben. Ein besonderes Highlight der Sammlung ist der Ratsschatz der Stadt Emden. Den Mittelpunkt der Ausstellung bildet ein großes Diorama, das die Veränderung der Küste zeigt, wie sie durch Sturmfluten und Deichbau entstanden ist. Eher schaurig ist die gezeigte Moorleiche. Zum Museum gehört auch die Rüstkammer.

■ Brückstr. 1, Tel. 049 21/87 20 58, www.landesmuseum-emden.de, Di–So 10–17 Uhr, Winter nur Sa, So, 8 €, erm. 4 €, Kinder bis 15 J. frei

4 Georg-Breusing-Promenade

| Flaniermeile |

Drei Museumsschiffe geben hier Einblick in die maritime Historie der Stadt. Der Heringslogger (Ratsdelft Georg-Breusing-Promenade, Tel. 0171/566

Im Blickpunkt

Ostfriesenwitze: Spiel mit den Vorurteilen

Was machen die Ostfriesen, wenn sie einen Stromausfall haben? Dann gehen sie an den Strand und holen sich ein paar Kilo Watt. Sätze wie diese beschreiben den klassischen Ostfriesenwitz, der die Bewohner der Nordseeküste stets ein wenig dumm dastehen lässt. Woher kommt aber diese Einstellung, dass die Menschen dort unterbelichtet sind, und wer hat sich die Witze ausgedacht? Wie so oft bereitete eine Konkurrenzsituation den Nährboden für derartige Spötteleien. In einem Gymnasium im Ammerland machten sich die Ammerländer in einer Schülerzeitung über die Ostfriesen lustig und benutzten eine gängige Witzform in Frage-Antwort-Manier, die heute noch als Blondinenwitze die Runde macht. Wie ein Lauffeuer verbreiteten sich die Spötteleien über bekannte Magazine in ganz Deutschland. Otto Waalkes schließlich nahm dankbar dieses Fundament der Ostfriesenwitze auf und baute um diese Gags herum seinen Komiker-Charakter aus, dessen großer Erfolg in erster Linie im Spiel mit dieser leicht vertrottelt-einfältigen Art beruht.

39 45, www.heringslogger.de, 2,50 €, Kinder ab 12 J. 1 €) ist ein Zeugnis der großen Tradition der Heringsfischerei, die bis in die 1970er-Jahre vielen Menschen Lohn und Brot brachte. Ebenfalls an der Promenade zu sehen ist der Seenotrettungskreuzer »Georg Breusing« (Am Delft Georg-Breusing-Promenade, Tel. 049 21/205 41, www.georg-breusing.de, April–Okt. tgl. 11–17, in den Sommerferien 11–18 Uhr, 2,20 €, Kinder 0,60 €). Er hat immerhin mehr als 1600 Menschen aus den Fluten gerettet. Das beliebteste Fotomotiv ist wohl das Feuerschiff »Deutsche Bucht« (Tel. 049 21/232 85, www.amrumbank.de, Mitte März–Nov., Mo–Fr 11–16, Sa, So 11–13, Juli, Aug. Mo–Fr bis 17, Sa, So bis 15 Uhr, 2 €, Kinder 1 €).

5 Bunkermuseum

| Museum |

Rund 80 % der Stadt wurden im Zweiten Weltkrieg zerstört. 29 Bunker sind bis heute geblieben. In der Holzsägerstraße zeigt einer dieser Bunker eindrucksvoll das Leben in der Enge. Ein weiterer sehenswerter Bunker ist der Kulturbunker, der heute als Veranstaltungszentrum dient (Geibelstr. 30 a).

■ Holzsägerstr. 6, Tel. 049 21/322 25, www.bunkermuseum.de, derzeit wegen Brandschutzauflagen geschl.

 Johannes a Lasco Bibliothek

| Bibliothek |

Angeschlossen an die Moederkirk (Mutterkirche) der calvinistischen Gemeinden Europas zählt diese Bibliothek mit ihrer Emder Bibel zu den wichtigsten ihrer Art in Ostfriesland.

■ Kirchstr. 22, Tel. 049 21/915 00, www.jalb.de, Mo–Fr 14–17 Uhr, April–Okt. auch So, 5 €, Schüler 2,50 €

 Pelzerhäuser

| Fassade |

Wie das Stadtbild Emdens vor dem Krieg ausgesehen haben könnte, davon geben diese Häuser einen kleinen

Einblick. Sie sind im Stil der holländischen Renaissance errichtet. Im Inneren lockt ein schönes Café.

■ Pelzerstr. 11 und 12

8 Kesselschleuse

| Schleuse |

Architekturliebhaber finden mit dieser Schleuse ein einzigartiges Bauwerk aus dem Jahr 1887. Nicht nur, dass die Kammern der Schleuse als Rund gebaut sind, ist außergewöhnlich. Sie bildet zudem den Knotenpunkt zwischen vier Wasserstraßen unterschiedlicher Höhe: Ems-Jade-Kanal, Stadtgraben, Fehntjer Tief und Roter Siel.

■ Kesselschleuse 3

Wall mit Mühlen und Zwinger

| Festungsmauer |

Er stammt aus dem Dreißigjährigen Krieg und schützte Emden vor feindlichen Truppen. Die Stadt blieb uneingenommen, auch dank des Stadtwalls. Die sternförmige Anlage zählte einst elf Bastionen, die Emden umschlossen. Da sie im flachen Ostfriesland eine Erhöhung darstellte, war sie ideal, um Windmühlen aufzustellen. Die Vrouw-Johanna-Mühle, die Rote und die Weiße Mühle zeugen davon noch heute.

ADAC Wussten Sie schon?

Der **VW Passat** wird in Emden gebaut. Seit 1964 unterhält die Volkswagen AG dort einen Standort, der wegen der Nähe zum Hafen und der Verschiffung interessant für die VW-Käfer-Produktion geworden war. Seit 1977 wird der Passat dort gebaut. Das Werk hat für den Arbeitsmarkt in Emden und Umgebung eine herausragende Bedeutung.

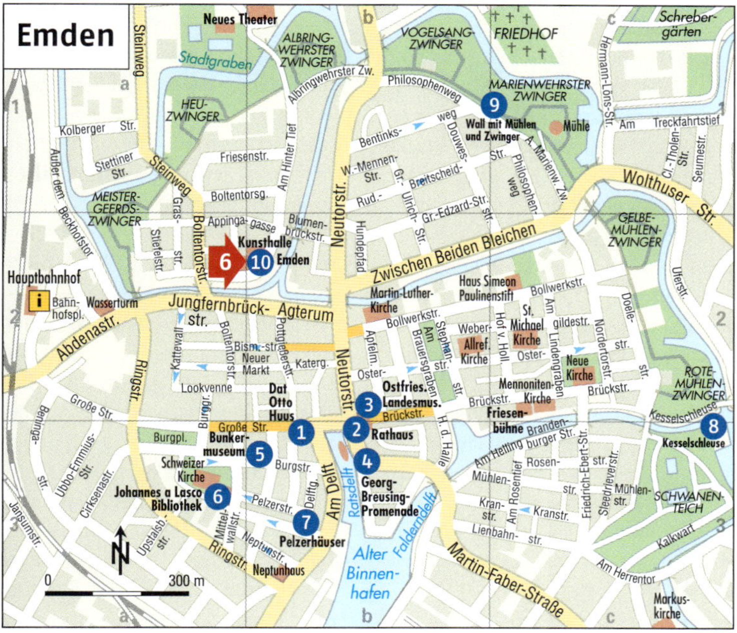

Emden

Der Künstler Gerhard Marcks schuf die Bronzeplastik »Maja« vor der Kunsthalle Emden

10 Kunsthalle Emden

| Museum |

6 *Große Kunst, im Mittelpunkt stehen moderne Meister*

Das Museum an sich ist schon ein architektonischer Leckerbissen, seine Exponate ohnehin: Sie entstammen der Kollektion des Verlegers und Publizisten Henri Nannen, der 1986 seiner Heimatstadt 650 Werke überließ. Die Sammlung ist geprägt von moderner Kunst, insbesondere des Expressionismus etwa von Emil Nolde, Ernst Ludwig Kirchner oder Max Pechstein. Vor allem für Familien bietet sich der Sonntag für einen Besuch der Kunsthalle an, ab 11 Uhr gibt es dort Malkurse für Kinder. ■ Hinter dem Rahmen 13, Tel. 049 21/ 97 50 50, www.kunsthalle-emden.de, Di–Fr 10–17, Sa, So 11–17, jeder 1. Di im Monat bis 21 Uhr, 9 €, erm. 7 €, Kinder bis 17 J. frei, kostenlose E-Bike-Ladestation vor der Tür

Parken

Die Innenstadt selbst ist autofrei, Parkplätze findet man in Parkhäusern, am Stephansplatz oder am Neuen Markt. Beliebt ist auch das Cityparkhaus am Wasserturm. An den Parkautomaten kostet die Stunde 1 €.

Restaurants

€ | **Heringslogger** Wenn es schnell gehen soll, geht man in Emden zum Heringslogger. Dort gibt es Backfisch, Kibbeling oder Fischbrötchen auf die Hand. ■ Am Ratsdelft, Plan S. 69, b3

€€ | **Welvaart** Eine kleine, feine Karte, ein inhabergeführtes Restaurant und liebevoll zubereitete Gerichte – wer den kulinarischen Genuss sucht, ist hier richtig. ■ Große Str. 24, Tel. 049 21/ 450 04 60, Plan S. 69, b2

ADAC Wussten Sie schon?

Der Turm der **Kirche in Suurhusen** ist schiefer als sein berühmtes Pendant von Pisa. Mit seiner Neigung um 5,19 Grad steht er sogar im Guinness-Buch der Rekorde. Der Turm stammt von 1450 und neigt sich, weil er auf Moorboden steht.

Cafés

Café Einstein Hier trifft man sich in Emden, egal ob nachmittags auf einen Cappuccino, während die Kleinen auf dem Spielplatz nebenan toben, oder in den Abendstunden auf ein Bier. ■ Bollwerkstr. 24, Tel. 04921/29111, http://einstein-emden.de/, Plan S. 69, b2

Kulturcafé Stilvoll in einem der ältesten Patrizierhäuser sitzen, einen Ostfriesentee trinken und dazu leckeren Kuchen naschen, das kann man in Emden am besten im Kulturcafé. Das Beste daran ist, dass es eine Einrichtung der Lebenshilfe ist, also dass Menschen mit Behinderung gefördert werden. ■ Pelzerstr. 12, Tel. 04921/583387, www.agilio.de, Plan S. 69, b3

Bühne

Friesenbühne Wer ein liebevolles, kleines Theater mit Wohnzimmeratmosphäre sucht und plattdeutsche Stücke nicht scheut, ist hier richtig. Die Friesenbühne ist in einem alten Emdener Lagerhaus beheimatet. ■ Lüttje Huus, Brückstr. 62, Tel. 04921/26538, www.friesenbuehne.de, Plan S. 69, c2

Neues Theater Komödien, Konzerte, Operetten – dies ist die erste Adresse in Emden für alle, die Kulturgenuss auf Basis von Gastspielen suchen. ■ Theaterstraße, Tel. 04921/871266, http://neuestheater.emden.de, Plan S. 69, b1

In der Umgebung

Die Knock

| Mole |

An dieser Mole stechen nicht nur die Fähren nach Borkum und Delfzijl in See, sondern das Meer hat auch noch Freizeitwert. Hier befindet sich z. B. eine beliebte Surf- und Kitezone.

Meyer Werft Papenburg

| Werft |

Wer in Emden weilt und einen Ausflug ins nahe Emsland nicht scheut, sollte unbedingt einen Abstecher zur Meyer Werft Papenburg unternehmen. Sie liegt etwa 45 Minuten Autofahrt entfernt, doch die Strecke lohnt sich, denn die Meyer Werft ist eine Schau der technischen Superlative.

■ Termine: www.papenburg-marketing.de, ab 13 €

14 Ihlower Land

Zwischen Moor, Fehnkanälen, Klöstern und alten Handwerksbetrieben

Information

■ Entwicklungs- und Dienstleistungsgesellschaft Ihlow mbH, Abt. Touristik, Alte Wieke 6, 26632 Ihlow, Tel. 04929/89100, www.ihlow-tourismus.de

Das Ihlower Land ist mehr als nur eine Umgebung für das berühmte Kloster. Es ist von Moor und Fehnkanälen geprägt, und überall finden sich Relikte aus alter Zeit. Auch ganz Modernes lässt sich bestaunen, wie etwa am Emssperrwerk Gandersum.

Sehenswert

Kloster und Archäologischer Park

| Park |

Das Kloster Ihlow (1228) war das bedeutendste Kloster Ostfrieslands. Es brachte wichtige wirtschaftliche und politische Impulse in die Region, bis es 1529 abgerissen wurde. Dort kamen zur Zeit der Friesischen Freiheit (13./14. Jh.) die Regierungsspitzen der Region zusammen. Heute erinnert noch ein Gestell aus Stahl an die einstige Architektur des Klosters. Besonders schön ist der Park mit seiner alten Lindenallee, dem Klostergarten und den Landart-Projekten.

■ Zum Forsthaus 1, www.kloster-ihlow.de

Fehnmuseum De Grootsche Huus

| Museum |

Ein Bauernhaus aus dem 18. Jh. beherbergt dieses Museum. Ausgestellt sind Alltagsgegenstände der letzten Jahrhunderte, sehenswert ist vor allem der Alkoven, ein bäuerliches Schrankbett. Die angeschlossene Teestube ist ein hübscher Platz, um bei Kaffee und Kuchen in Nostalgie zu schwelgen.

■ Moorweg 35, Ihlow, Tel. 049 41/873 71, März–Nov. Sa 14–18, So 15–18 Uhr

Emssperrwerk Gandersum

| Technisches Denkmal |

Wie ein riesiges Bollwerk thront es mitten in der Ems: Das Emssperrwerk stammt aus den Jahren 1998–2002 und ist knapp 500 m lang. Es dient zum einen dem Schutz vor Sturmfluten, zum anderen ist ab und zu bei Überführungen der Ozeanriesen aus der Meyer Werft eine tiefere Fahrrinne gefordert.

■ Zum Sperrwerk, Moormerland, Mitte Mai–Okt. Führungen, Infos und Anmeldung: Touristik GmbH Südliches Ostfriesland 04 91/91 96 96 17

De Weevstuuv e.V. Webmuseum

| Museum |

Mehr über die Kunst des Webens erfahren Besucher in der Webstube, wer möchte, kann sogar einen Kurs besuchen und sich im Spinnen oder Pflanzenfärben probieren. Untergebracht ist das Museum in einer 1883 erbauten ehemaligen Dorfschule.

■ Achterlangsweg, Westgroßefehn, Tel. 049 41/24 08, www.webmuseum-ostfriesland.de, Mai–15. Okt. Mi, So 14–17 Uhr

Skulpturengarten de Wolff

| Park |

Malerisch vor sich hinrostende Eisenplatten, hübsche Holzpfähle in Reihe und dazu die passenden Blütenarrangements: Wer Landschaftsgärten mag, sollte sich dieses Kunstwerk in Jheringsfehn nicht entgehen lassen. Ein kleines Café rundet den Ausflug ab.

■ Neuebeek 9, Moormerland, Tel. 049 54/82 52, www.garten-kunst.com, Mi–Sa 10–18 Uhr

Cafés

Klostercafé Ihlow Im ehemaligen Forsthaus befindet sich das hübsche Klostercafé, das zur Rast beim Besuch des Archäologischen Parks einlädt. Bei selbst gebackenen Kuchen sitzt man mitten im Garten oder im gemütlichen Backsteinhaus. Hübsch ist der Klosterladen nebenan. Jeden ersten Sonntag im Monat finden im Kloster Brotbacktage statt. Dann werden im Backhaus der typisch ostfriesische Rosinenstuten sowie Schwarzbrote gebacken. Die Menschen pilgern zur Backstube und laufen dann mit Brottüten durch den Wald – ein wirkliches Ereignis. ■ Zum Forsthaus 1, Tel. 049 29/91 59 49, Di–Sa 14–17, So 11.30–18 Uhr

15 Aurich

Heimliche Ostfriesen-Hauptstadt mit urbanem Flair und uralten Zeugnissen

Information

■ Aurich Tourismus, Norderstr. 32, 26603 Aurich, Tel. 049 41/44 64, www.aurich-tourismus.de

Heimliche Hauptstadt von Ostfriesland wird sie auch oft genannt: Als zweitgrößte Stadt der Region hat Aurich (41 800 Einw.) mit seiner Lage in der Mitte von Ostfriesland eine Menge zu bieten. Nicht nur zum Einkaufsbummel in der hübschen Innenstadt lohnt sich der Besuch. Wer lieber sportlich unterwegs ist, findet in Aurich beispielsweise die größte Skatehalle in Deutschland. Der Rundgang durch die Stadt startet am besten in der Lambertikirche. Dort befindet sich u.a. der berühmte Altar aus dem Ihlower Kloster, angrenzend an die Kirche liegt das hübsche Gebäudeensemble Lambertshof, das Herz der Altstadt.

Sehenswert

Auricher Schlossbezirk

| Schloss |

Der weiß verputzte Bau stammt aus dem Jahr 1851 und zeigt sich im englischen Tudorstil. Errichtet wurde das Schloss aber schon im 15. Jh. als Häuptlingssitz, davon zeugen nur noch die Grundmauern. Heute sind dort Behörden untergebracht, der Turm ist für die Öffentlichkeit zugänglich. In dem Areal um das Schloss befinden sich noch andere Gebäude wie etwa der Marstall oder das Schlösschen.

■ Schlossplatz

Vom Turm des Schlosses genießen Besucher einen herrlichen Blick über Aurich

Historisches Museum

| Museum |

Der älteste Pflug Europas weiht die Besucher in diesem Museum in die Acker- und Landwirtschaftsmethoden der Steinzeit ein, andere Exponate erzählen von der Zeit der Häuptlinge, aber auch der Besiedelung der Landschaft oder zeigen alte Trachten.

■ Burgstr. 25, Tel. 049 41/12 36 00, www.museum-aurich.de, Di–So 11–17 Uhr, 3,50 €, Kinder 2 €

MachMitMuseum »miraculum«

| Museum |

Museen sind immer Häuser, in denen etwas gezeigt wird, was andere für einen ausgesucht haben, oder? Dass das nicht immer sein muss, beweist das

Das Pingelhus stand ursprünglich direkt am Wasser und diente dem Hafenwärter

MachMitMuseum »miraculum«, dessen ständig wechselnde Ausstellungen von den Besuchern selbst gestaltet werden. Ob eine Reise in die verschiedenen Kontinente oder Informationen über virtuelle Realität, das Themenspektrum ist breit gefächert.

■ Burgstr. 25, Tel. 04941/123600, www.miraculum-aurich.de, Di–Fr 13–17, Sa, So 11–17 Uhr, 4,50 €

Pingelhus

| Architektur |

Das Pingelhaus zählt zu Aurichs Wahrzeichen. Die Glocke in dem zentralen Turm wurde einst geschlagen (»pingeln«, also bimmeln), wenn ein Schiff den Hafen gen Emden verlassen hat.

■ Georgswall 2

Ostfriesische Landschaft

| Architektur |

Die Ostfriesische Landschaft ist keine Landschaftsform, sondern steht für die Landstände, die sich in drei gleichberechtigte Gruppen aus Rittern und Abgesandten der Bürger und Bauern zusammensetzten. Der Begriff bezeichnet auch ein besonderes Ensemble an Häusern in Aurich. Als Eckgebäude angelegt, simuliert die Fassade im Backsteinstil holländische Schmuckgiebel (1898–1901) und zeigt sich im Stil der Neorenaissance. Das Innere birgt eine Bibliothek mit wertvollen Folianten.

■ Georgswall 11, www.ostfriesischelandschaft.de

Mühlenfachmuseum Stiftsmühle

| Mühle |

Als höchste Mühle Deutschlands, die man besichtigen kann, ist die Stiftsmühle (1858) ein besonderes Bauwerk. Sie bietet einen Panoramablick auf die Stadt, das Museum gibt Einblicke in die Tradition der Müllerei. Bisweilen wird auch gemahlen und gebacken.

■ Oldersumer Str. 28, Tel. 04941/4464 www.ostfriesischelandschaft.de, Mitte April–Mitte Okt. Di–So 12–16 Uhr, Führungen Sa 16 Uhr, 3 €, Kinder 1 €

Großsteingrab Tannenhausen

| Archäologische Stätte |

Rund 5000 Jahre alt sind die frei stehenden Steine beim Ort Tannenhausen (ca. 4 km nördlich von Aurich), bei denen es sich vermutlich um frühzeitliche Grabanlagen handelt. Die drei ursprünglichen Steine, die von den Einheimischen auch Butter, Brot und Käse genannt werden, sind 2014 um weitere sieben Megalithen ergänzt worden.

■ Am Hünengrab 18

Parken

In der Tiefgarage im Zentrum kostet das Parken 1 € pro Stunde.

Einkaufen

Drogerie Maaß Eine Drogerie wie früher mit Produkten wie früher – etwa Rasierseife in der Dose oder Wäscheblau: Bei Maaß steht noch eine alte Waage, und die Packungen sind in schmucken Holzregalen drapiert. ■ Osterstr. 26, Di–Fr 9–18, Sa bis 15 Uhr

16 Eversmeer

Das ewige Meer des Hochmoores bietet einen Bohlenweg und weite Blicke

Der größte Hochmoorsee Deutschlands umfasst 89,2 Hektar Wasserfläche und heißt auch Ewiges Meer oder ostfriesisch kurz Eversmeer. Auf Holzbohlen führt ein Rundweg durch diese einmalige Naturlandschaft. Informationstafeln vermitteln Wissen über Torf, Moorpflanzen und die Tierwelt dieses Landstrichs. Nur eines geht an diesem Moorsee nicht: Baden.

Sehenswert

Windkraftanlage

| Technisches Denkmal |

Eine Windkraftanlage zu erklimmen und auf Augenhöhe mit der Rotorennarbe sein, das ist in Holtriem möglich. Dort lockt die Windkraftanlage in Westerholt mit Führungen und einer 297-stufigen Innenwendeltreppe sowie einem verglasten Aussichtsrondell unter dem Maschinenhaus.

■ Linienweg, Holtriem, Tel. 04977/ 26 48 20

Cafés

Café zum Ewigen Meer Kuchen und Kunst vereint dieser schöne Platz am Eversmeer: In einem modernisierten Backsteinbau untergebracht, servieren die Kellnerinnen leckere Waffeln oder Kartoffelpuffer. Dazu gibt es wechselnde Ausstellungen. ■ Parkplatzstr. 3, Tel. 04975/7778372, www.cafe-zum-ewigen-meer.de, April–Okt. tgl. 12–18, Nov.–März Fr–So 13–17 Uhr

17 Dornumerland

Quirliges Küstenland mit maritimem Flair und vielen Erlebnisangeboten

Information

■ Tourismus GmbH Gemeinde Dornum, Hafenstr. 3, 26553 Dornumersiel, Tel. 04933/91110, www.dornumerland.de

Zwischen Norden und Neuharlingersiel erstreckt sich eine hübsche Küstenregion mit kleinen Dörfern und Städtchen, in denen es immer wieder auch viel ostfriesische Kultur zu entdecken gibt. Vor allem Heimatkundliches ist interessant, aber auch Freunde der Kirchenmusik kommen auf ihre Kosten.

Sehenswert

St. Bartholomäuskirche

| Kirche |

Sie steht höher als manch anderes Gebäude: Die St. Bartholomäuskirche (1290) ist auf einer Warft errichtet. Doch deswegen ist sie nicht beliebtes Ziel für Reisende, sondern ihrer Orgel wegen, die 1711 vom Arp-Schnitger-Schüler Gerhard von Holy gebaut wurde.

■ Kirchstr. 19, Dornum

Oma-Freese-Huus

| Museum |

Es ist so, wie es klingt: Das kleinbürgerliche Großmutterhaus von 1850 im Stil der guten alten Zeit zeigt als Heimatmuseum heute eine Wohn- und Schlafstube sowie eine Schuhmacherwerkstatt.

■ Beningalohne 3, Dornum, Tel. 049 33/81 24, Pfingsten–Sept. Di, Do, So 15–17 Uhr

Synagoge

| Synagoge |

Weil die Häuser hier so eng stehen, entkam die Synagoge in der Reichspogromnacht den Flammen. Heute kümmert sich ein Verein um den Bau und möchte ihn wieder in seinen Urzustand versetzen. Es ist die einzige erhaltene Synagoge in Ostfriesland.

■ Schulweg 6, Dornum

Bockwindmühle

| Windmühle |

Eine Bockwindmühle ist im Land der Galerieholländer etwas Besonderes: Diese stammt aus dem Jahr 1626 und gehört zu den Wahrzeichen des Ortes.

■ Bahnhofstr. 19, Dornum, Tel. 049 33/371, www.bockwindmühle-dornum.de, So 11–16 Uhr, Juli, Aug. auch Vorführungen

Cafés

Dornumer Teestube Der Blick ist wunderbar und fällt direkt auf das alte Wasserschloss. Deswegen sitzt man am besten draußen mit Ostfriesentee, denn was sonst trinkt man hier? ■ Enno-Hektor-Str. 18, Tel. 049 33/421, www.dornumer-teestube.de, tgl. 12–18 Uhr

Events

Ritterspiele zu Dornum Wer Mittelalterspektakel mag, muss nach Dornum. Dort findet das Ritterfest zu Dornum statt: eine Woche lang ein riesiges Spektakel mit Heerlager, Schaukämpfen und Markttreiben. ■ Anfang Aug.

Erlebnisse

Hilgenriedersiel Hier gibt es nicht nur schöne Salzwiesen, sondern auch einsame Grasflächen direkt am Watt. Es ist sogar eine alte Badestelle zu finden, an der man bei entsprechendem Wasserstand in die Nordsee hüpfen kann.

In der Umgebung

Zwei-Siele-Museum

| Museum |

Einblick in den Deichbau und die schwere körperliche Arbeit vergangener Zeiten gibt dieses Museum. Es zeigt auch eindrucksvoll die Bedeutung der beiden Siele, die die Stadt umgeben, für die Handelsschifffahrt.

■ Ostfreesenstraat 2–4, Dornumersiel, Tel. 049 33/918 10, www.zwei-siele-museum-dornumersiel.de, Di–So 14–17 Uhr, im Winter kürzer, 3,50 €, Kinder frei

18 Norden und Norddeich

Tee, Walfänger und eine Seehundaufzuchtstation prägen diese Doppelstadt

Information

■ Dörper Weg 22, 26506 Norden, Tel. 049 31/98 62 00, www.norddeich.de

Deutschlands drittgrößter Personenhafen ist den meisten Urlaubern vor allem als Start auf die Inseln Juist und Norderney bekannt. Kenner hingegen planen ein paar Tage auf dem Festland

Im Teemuseum von Norden erfährt man alles über das ostfriesische Nationalgetränk

ein, denn es gibt in Norden (25 000 Einw.) eine Menge zu entdecken. Nicht nur das Teemuseum und die Seehundstation, sondern auch hübsche Backsteinensemble. Und sogar Sandstrand ist hier aufgeschüttet worden.

Sehenswert

Ostfriesisches Teemuseum

| Museum |

Im alten Rathaus befindet sich ein Museum, das über das Nationalgetränk der Ostfriesen informiert. Erleben Sie die ganze Welt des Tees! Die Ausstellung zeigt Dokumente und Exponate zum Thema Handel, Anbau und Teezeremonien in aller Welt.

■ Am Markt 36, Norden, Tel. 049 31/121 00, www.teemuseum.de, Nov.–Feb. Mi, Sa 11–16, März, April Di–So 10–17, Mai–Okt. tgl. 10–17 Uhr, 6 €, Kinder 2 €

Ludgeri-Kirche

| Kirche |

Das größte Gotteshaus Ostfrieslands geht zurück auf das 13. Jh. Obwohl schon von außen beeindruckend, lockt doch das Innere die meisten Besucher an. Vor allem die Arp-Schnitger-Orgel (1686) verzückt noch immer Gäste mit ihrem Aussehen und schönem Klang.

■ Norddeicher Str. 159, Norden

Dokumentationsstätte Gnadenkirche Tidofeld

| Gedenkstätte |

Nach dem Zweiten Weltkrieg befand sich in dieser Region eines der größten Flüchtlingslager Deutschlands, das den Vertriebenen aus den Ostgebieten als erste Anlaufstelle diente. Die Gedenkstätte schlägt den Bogen zur heutigen Problematik der Migration. Die Kirche an sich ist übrigens auch ein Baudenkmal, vor allem die Glaskunst am Eingang. Entworfen wurde sie vom Meisterschüler von Otto Dix, Max Herrmann.

■ Donaustr. 12, Norden, Tel. 049 31/975 53 35, www.gnadenkirche-tidofeld.org

Kunsthaus

| Ausstellung |

Der örtliche Kunstverein widmet sich in seiner Ausstellung modernen Themen und Techniken – ob Skulpturen, Gemälde oder Fotografien.

■ Große Neustr. 13, Norden, Tel. 049 31/ 151 40, www.kunstverein-norden.de, Di–Fr 15–18, Sa, So 11–13 Uhr

Automobil- und Spielzeugmuseum

| Museum |

Frisch poliert glänzen um die 150 Automobile verschiedener Epochen um die Wette, ein Cadillac ist ebenso darunter wie ein Trabbi. Ergänzt wird die Ausstellung durch diverses Spielzeug aus den letzten 100 Jahren.

■ Ostermarscher Str. 29, Norddeich, Tel. 049 31/918 79 11, www.automuseum-nordsee.de, April–Nov. tgl. 10–18 Uhr

Seehundstation

| Tiergehege |

Wenn sie einen mit den großen Knopfaugen anschauen, erobern Seehunde die Herzen im Sturm. Seit dem Jahr 1986 nimmt sich die Station in Norddeich jährlich zwischen 80 und 180 verwaister Tiere an und wildert sie später wieder aus – eine Arbeit, bei der sich die Tierpfleger gerne über die Schulter schauen lassen. Mit zur Seehundstation gehört auch das weiter entfernt liegende Museum Waloseum, das über die Wale und die Tradition des Walfangs in der Nordsee informiert sowie ein riesiges Pottwalskelett zeigt.

■ Dörper Weg 24, Norddeich, Tel. 049 31/ 97 33 30, www.seehundstation-norddeich.de, tgl. 10–17 Uhr, 10 €, Kinder 6 €, Waloseum: Osterlooger Weg 3, Norddeich, Tel. 049 31/97 33 30, tgl.10–17 Uhr, 10 €, Kinder 6 €

Strand

| Sandstrand |

Am Haus des Gastes erstreckt sich der Sandstrand der Region Norddeich. Er wurde künstlich aufgeschüttet und erfreut vor allem Familien mit Spielplatz, Strandkörben und feinem Sand. Für Hunde gibt es einen eigenen Bereich. Auch das östlich gelegene Neßmersiel besitzt einen Sandstrand.

Schlosspark Lütetsburg

| Park |

Prächtige Alleen, Rhododendronbüsche und große Bäume: Der Schlosspark setzt einen wohltuenden Akzent zur baumlosen Weite Ostfrieslands. Er ist der größte private Landschaftsgarten Norddeutschlands. Sehenswert ist auch das Wasserschloss, allerdings nur von außen, denn es ist bewohnt. Dafür lockt im Park ein hübsches Café.

■ Landstr. 39, Lütetsburg, www.schlosspark-luetetsburg.com, Mai–Sept. tgl. 8–21, Okt.–April 10–17 Uhr, 2 €

ADAC Mobil

Im Bummeltempo durch die Landschaft mit der **Museumseisenbahn**: Die Strecke führte Ende des 19. Jh. von Emden nach Jever. Heute geht's im Blumenpflücktempo in den alten Waggons über die Marschwiesen.
Am Bahndamm 4, Norden-Norddeich, Tel. 049 31/16 90 30, www.mkoev.de, 10 €, Kinder 5 €

Kneipen, Bars und Clubs

Metas Musikschuppen Die Kultdisco der Gegend: Hier war einst Otto DJ, und viele Stars gaben Konzerte. Heute beliebter Tanzschuppen. ■ Deichstr. 10, Norden, Tel. 04931/8569, www.metas-musikschuppen.de, Fr, Sa ab 22 Uhr

Kinder

Wellenpark Mit dem Floß über den See schippern oder an der Seilbahn rutschen – amüsierfreudige Kinder sind hier genau richtig. Der Wellenpark vereint Spielplatz und Wasserplanschvergnügen. ■ Dörper Weg 22, Norddeich

Erlebnisse

Krimi-Caching Wem Spazierengehen zu langweilig ist, der sollte einmal Krimi-Caching probieren. Dazu führt ein Hörbuch eine Strecke entlang, die sich am besten per Rad erkunden lässt. Als Ausrüstung genügt das Smartphone. ■ Mehr Infos bei der Touristeninfo oder unter www.krimikueste.de

Entspannung

Ocean Wave Das Erlebnisbad bietet nicht nur Kindern Spaß, sondern den Erwachsenen Regeneration mit Saunen, Dampfbädern und Meerwasserbecken. ■ Dörper Weg 23, Norddeich, Tel. 04931/986300, www.ocean-wave.de

19 Südbrookmerland

Alte Handwerkskunst und typische Fehnlandschaft, umgeben von Moor

Arm waren sie, die Menschen, die einst in dieser Moorlandschaft gelebt haben.

Gutes Schuhwerk ist ein Muss beim Besuch des Moormuseums in Moordorf

Wie arm, das zeigt sich in den diversen Museen des Landstrichs, noch heute sind viele Häuser in ganz einfachem Stil gebaut. Schmied, Schuster oder Böttcher – alte Handwerksberufe erleben Besucher des Dorfmuseums. Dort findet sich ein Schneider- und Instrumentenatelier sowie ein Tante-Emma-Laden (Mühlenstr. 3a, Tel. 04942/646, www.doerpmuseum-muenkeboe.de, Mitte März–Okt. Di–So 10–17.30 Uhr, 3,50 €, Kinder 1,50 €), Hunde frei

Moormuseum Moordorf

| Freilichtmuseum |

Hier können Besucher eindrucksvoll gelebte Geschichte erspüren

Kleine Hütten aus Torf, die man heute eher als Ställe identifizieren würde, dienten den Menschen einst als armselige Wohnhäuser: Die Freilichtanlage

Die westliche der beiden Mühlen von Greetsiel beherbergt eine Teestube mit Galerie

zeigt eindrucksvoll, wie die Menschen das Moor einst urbar gemacht haben. Auch Schauvorführungen.

■ Victorburer Moor 7 a, Tel. 049 42/27 34, www.moormuseum-moordorf.de, tgl. 10–18 Uhr, 5 €, Kinder (6–16 J.) 2,50 €

20 Greetsiel

Bezauberndes Hafenstädtchen mit Krabbenkutteridylle und Zwillingsmühlen

Information

■ Touristik-GmbH Krummhörn-Greetsiel, Zur Hauener Hooge 11, Burgstr. 5, 26736 Krummhörn, Tel. 049 26/918 80, www.greetsiel.de

Als Museums- und Krabbenkutterhafen direkt an der Leybucht gelegen, verstrahlt Greetsiel mit seinem historischen, puppenstubengleichen Backsteinkern ein eigenes Flair und gehört zu den schönsten Fischerörtchen der Region. Wer hier ist, wird sich unweigerlich auch mit der Geschichte der Krabbenfischerei beschäftigen, denn Greetsiel ist das Zentrum der Krabbenflotte der niedersächsischen Nordseeküste. Klar, dass die erste urkundliche Erwähnung eines solchen Ortes irgendetwas mit Seefahrt zu tun haben muss: 1338 wird verbrieft, dass Hamburger Schiffe dort vor Anker lagen und Zoll zu entrichten hatten. Ostfriesische Häuptlinge hatten den Ort gegründet und zu einem wichtigen Sielhafen ausgebaut. Ein wenig davon ist noch immer zu spüren.

Sehenswert

Zwillingsmühlen

| Mühlen |

Sie sind das Wahrzeichen der kleinen Stadt, die beiden Mühlen, die sich auf einem Hügel vor der Altstadt befinden. Die grüne und die rote Mühle, beide erbaut im Stil eines Galerieholländers, empfangen die Gäste am südöstlichen Ortseingang im Abstand von 130 m zueinander. Die äußere Mühle mit dem roten Körper ist heute ein Laden für ökologische Produkte rund ums Mehl. Die zweite Mühle ortseinwärts beherbergt eine Teestube. Hinter den Mühlen erstreckt sich das Alte Sieltief, an dem Bootfahrten und Paddelboote gebucht werden können.

■ Mühlenstraße

Marienkirche

| Kirche |

Auf das Jahr 1380 geht der Bau dieser kleinen Backsteinkirche zurück. Das gotische Gebäude liegt idyllisch unter alten Bäumen, und seine Wände wirken ein wenig geneigt. Wie bei vielen ostfriesischen Kirchen ist der Glockenturm ein eigenes Gebäude. Wer an der Kirche steht, sollte einen Blick nach oben wagen, dort dreht sich die wohl älteste Schiffswetterfahne Niedersachsens.

■ Hohe Straße/Sielstraße

Fischereihafen

| Hafen |

Wo die Krabbenfischer und ihre bunten Kutter zu Hause sind

Mit seinen 27 Kuttern unterhält Greetsiel eine der größten Flotten der Krabbenfischer an der Nordseeküste. Hier laufen die bunten Kutter noch täglich aus und fischen auf hoher See nach den kleinen Krebsen. Mit etwas Glück sieht man sie am Hafen wieder einlaufen und kann eine Tüte Ungepulte gleich frisch mitnehmen. Vom Hafen aus starten auch die Ausflugsschiffe durch die Leybucht.

Haus von Halem

| Fassade |

Das 1794 errichtete Backsteingebäude der adeligen Familie von Halem zählt zu den schönsten klassizistischen Bauten der Region. Die Pilaster allein sind schon einen Blick auf das Haus wert.

■ Mühlenstraße

Verkehrsmittel

Greetsiel lässt sich am besten zu Fuß erkunden. Empfehlenswert sind auch **Radtouren** entlang des Deiches, etwa bis nach Pilsum, oder aber Wanderungen. Wer es gemütlicher will, kann eine **Grachtenfahrt** buchen.

Parken

Parken direkt in Greetsiel ist praktisch unmöglich, es gibt aber ausreichend Parkplätze am **Ortseingang** (bis 3 Std. 2 €). In der Hauptsaison kann es dort sehr voll sein.

Im Blickpunkt

Krabbenfischerei

Seit dem 17. Jh. werden an der Nordsee Garnelen gefangen. Was zunächst mit Reusen geschah, wurde im 19. Jh. zu einem eigenen Beruf, der bis zum heutigen Tag nichts von seiner Bedeutung verloren hat. An der niedersächsischen Nordseeküste sind knapp 180 Krabbenkutter stationiert, die bis zu 150-mal pro Jahr auslaufen. Dabei bleiben sie bis zu 72 Stunden auf See, wenn sie nur um die Inseln herum fischen, lediglich rund zwölf Stunden. Die gefangenen Garnelen, die zoologisch zu den Krebsen gehören, sind schnell verderblich, deswegen werden sie bereits auf dem Kutter gleich nach dem Fang in Meereswasser abgebrüht.

Krabbenkutter bevölkern den 600 Jahre alten Fischereihafen von Greetsiel

 Restaurants

€€€ | **Witthus** Etwas gediegen wirkt dieses Haus auf den ersten Blick. Doch wer drinnen ist, merkt schnell, dass der Koch sein Handwerk versteht und Scholle, Matjes und Krabben sehr gut zubereiten kann. ■ Katrepel 7–9, Tel. 04926/92000, www.witthus.de, Di–Do 14.30–21, Fr–So 11.30–21.30 Uhr

 Cafés

Eiscafé am Hafen Cremiges Eis nach dänischem Rezept in einer riesigen Waffel – die Eisdiele ist der Renner. Es gibt kaum jemanden, der ohne die Waffel am Hafen entlangschlendert. Schauen Sie sich auch im Gebäude um, hier befand sich früher ein alter Kolonialwarenladen. ■ Sielstr. 17, Tel. 04926/1681, tgl. 10–18 Uhr, im Sommer länger

Hofcafé Akkens Torten direkt vom Bauernhof und dann noch ein schöner Stopp auf dem Weg von Greetsiel zum Leuchtturm Pilsum – dieses Hofcafé liegt geschützt hinterm Deich und bietet wunderbare Kuchenspezialitäten und einen gemütlichen Garten. ■ Akkenser Weg 1, Tel. 04926/1714, www.akkens.de, März–Okt. Mi–So 11–17 Uhr

 Einkaufen

Simon's African Culture Shop Mit einem breiten »Moin« begrüßt Simon seine Besucher – der Ostfriese mit den afrikanischen Wurzeln ist ein echtes Original im Bilderbuchdorf Greetsiel. Er betreibt dort einen der größten Afrikaläden in Deutschland, das angebotene Kunsthandwerk wie Schmuck, Masken, Stühle, Taschen oder Hocker kommt wie er aus Ghana. ■ Mühlenstr. 21, Tel. 04926/926560 www.simon-african-shop.de, tgl. 10–18 Uhr

 Events

Greetsieler Woche Seit nunmehr über 40 Jahren präsentieren zeitgenössische Künstler in der Greetsieler Grundschule ihre Werke Anfang Juli im Rahmen der Greetsieler Woche. ■ Ubbo-Emmius-Grundschule

 Erlebnisse

Bootsausflüge gehören fest ins Programm bei einem Greetsielbesuch. Wer kommt, sollte also genügend Zeit einplanen – entweder mit dem Ausflugsdampfer zur Schleuse tuckern und dabei durch die Siele schippern, oder man bucht eine Grachtentour.

Sport

Inline-Skaten Das flache Land rund um Greetsiel eignet sich hervorragend zum Inline-Skate-Fahren, im historischen Kern allerdings muss man mit Kopfsteinpflaster rechnen.

13 **Wandern an der Leyhörn** Besonders schön sind Wanderungen zur angrenzenden Leyhörn, einem Naturschutzgebiet, das wie eine Nase aus der Küste herausragt. Viele Vögel haben hier ein Refugium gefunden und schnäbeln auf den Teichen oder Salzwiesen. An zwei Stellen in der Nachbarschaft des Pilsumer Leuchtturms sind auch Vogelbeobachtungshäuschen aufgebaut. Beliebt ist die Wanderung zum Pilsumer Leuchtturm, die übrigens auch mit Kinderwagen unternommen werden kann. Sie dauert etwa 1,5 Stunden je Richtung.

21 Krummhörn

Mini-Dörfer, schöne Leuchttürme und die wertvollsten Orgeln der Region

Information

■ Touristik-GmbH Krummhörn-Greetsiel, Zur Hauener Hooge 11/Burgstr. 5, 26736 Krummhörn, Tel. 049 26/918 80, www.greetsiel.de

Wie eine große Nase ragt dieser Landstrich in die Emdener Bucht hinein – die Krummhörn ist einer der idyllischsten Flecken ganz Ostfrieslands mit den kleinen Dörfern, den alten Kirchen und den vielen Kanälen, die die Orte miteinander verbinden. In der Krummhörn ist es ratsam, sich einmal ein Boot zu leihen oder eine Tour auf dem Ausflugsschiff zu buchen. Diese führen in besonders entlegen-schöne Gegenden. Ein Erlebnis ist auch die Fahrt mit der Handfähre (Pünte) von Loquard.

Sehenswert

Jennelt

| Dorf |

Wer eine Reise auf die Krummhörn unternimmt, kommt um einen Besuch dieser Kirche kaum herum: Das kappellenartige Gebäude aus dem 13. Jh. ist über die Grenzen Ostfrieslands hinweg für seine wertvolle Orgel bekannt. Sie stammt aus dem Jahr 1738 und wurde von Johann Friedrich Constabel erbaut. Sehenswert ist darüber hinaus die Gruft mit den barocken Sarkophagen der gräflichen Familie zu Inn- und Knyphausen aus dem 17. Jh. (Mai–Sept. 8–18, sonst 9–17 Uhr).

Otto-Leuchtturm in Pilsum

| Leuchtturm |

Gelb-rot geringelt ist er und vielen bekannt aus den Otto-Filmen

Wer eine der bekanntesten Sehenswürdigkeiten Ostfrieslands beherbergt, kann sich über Besucher nicht beklagen: Am Dorfrand liegt der mit seinen 13 m Höhe wohl kleinste Leuchtturm Deutschlands. Der gelb-rot geringelte aus dem Jahr 1891 ist ein echter Fernsehstar, spielte er doch im Film von Otto Waalkes mit und ist Pflichtprogramm beim Krummhörnbesuch.

Groothusen

| Dorf |

Dieser Ort hieß vor 1000 Jahren wohl wie eine heute berühmte Stadt im nördlichen Friesland: Husum. An frühere Zeiten erinnert heute die Osterburg. Sie stammt aus dem 15. Jh. und ist etwas Besonderes, denn sie wird bis

heute von den Nachfahren der Häuptlingsfamilie Beninga bewohnt und ist deswegen auch nur in Teilen zu besichtigen. Die Goldlederne Stube oder der große Saal sind heute für die Öffentlichkeit zugänglich – nach Anmeldung (An der Osterburg 1, Führungen und Besichtigungen: Tel. 049 23/80 54 68, www.osterburg-groothusen.de).
Neben der Burg ist auch die St.-Petrus-Kirche eine wichtige Sehenswürdigkeit des Ortes. Dort kommen vor allem Orgelfreunde voll auf ihre Kosten: In der Dorfkirche erklingt eine Wenthin-Orgel. Im Rahmen von speziellen Führungen ist auch ihr Klang zu hören.

Campen

| Dorf |

Nicht nur die Pariser können Eiffelturm – Campen kann es auch. So jedenfalls mag man glauben, wenn man in den Ort fährt. Dort überragt ein 65 m hohes, filigranes Stahlkonstrukt die Häuser. Es stammt aus dem Jahr 1892, seine 308 Stufen führen zu einer Aussichtsplattform. Das zweite Highlight von Campen sind die beiden Gulfhöfe, die zum Landwirtschaftsmuseum zusammengefasst wurden (Tannenweg 1, Tel. 049 27/93 95 23, www.olmc.de, Mai–15. Okt. Di–Fr 10–17, Sa, So bis 13 Uhr, 3 €, Kinder ab 6 J. 1,50 €, Kinder bis 6 J. frei, Hunde erlaubt).

Rysum

| Dorf |

Hauptattraktion des Warftendorfes ist die wertvolle Orgel

Mit seiner Höhe von 6 m ist der Hügel, auf dem sich Rysum befindet, eine typische Warft mit ebenso charakteristischen Gulfhöfen. Doch deswegen kommen sie nicht nach Rysum, die Touristen, sondern es ist ein Musikinstrument, das die Gäste anlockt. In der Kirche befindet sich die älteste noch bespielbare Orgel Deutschlands. Sie stammt aus dem Jahr 1440 oder 1457 und wurde wohl von Meister Harmannus aus Groningen erbaut. Verziert mit Seitenklappen, auf denen Sonne, Mond und Sterne prangen, thront sie wie eine Königin in der kleinen Backsteinkirche des Ortes (Turmstr. 3).

Pewsum

| Dorf |

Der größte Ort der Krummhörn wirkt im Gegensatz zu den kleinen Warftendörfern beinahe städtisch. Auf dem Hügel befindet sich nicht nur die St.-Nikolai-Kirche (14. Jh.), sondern vor allem die Manningaburg (1458), die im Abendlicht gelb leuchtet. Geblieben von dem Sitz der Häuptlinge ist die Vorburg, die ein kleines Museum beherbergt (Drostenpl. 5, Mai–Okt. Di, Do 10–12.30, 15–17, Sa, So nur 15–17 Uhr) Sie ist umgeben von einem Wassergraben. Attraktiv ist auch das Mühlenmuseum (Manningastr. 13–14, Tel. 049 23/ 74 32, Sa, So 15–17 Uhr, 2 €, Kinder 1 €).

ADAC Mittendrin

Wer eine außergewöhnliche Führung über die Dörfer der Krummhörn erleben will, bucht eine **Rundfahrt im Lachbus**. Dabei werden nicht nur Fakten und Historisches zum Besten gegeben, sondern auch jede Menge Sketche. Am Ende gibt es einen Sektempfang im sogenannten »Sehr kleinen Haus«. Buchbar beim Tourismusinfopoint Greetsiel oder unter Tel. 049 26/918 80 oder 049 26/91 88 14, auch Touren nach Papenburg sind möglich, 26,50 €.

Upleward

| Landschaft |

Ein Trockenstrand? Also ein Strand ohne Meer? Das ist kein Ostfriesenwitz, sondern es gibt ihn tatsächlich auf der Krummhörn. Auf 9000 m² finden sich Spiel- und Grillplätze sowie jede Menge Flächen zum Sonnen und Erholen.

Restaurants

€ | **Erbsenbinder** In einem alten Gulfhof hat sich ein neues Restaurant etabliert: Mit dem Selbstbedienungskonzept ist Lockerheit garantiert, auf den Tisch kommen Köstlichkeiten wie Räucherlachs oder frische Salate. Das Lokal gehört zum Campingplatz. ■ Erbsenbindereistr. 3, Tel. 4923/525, www.erbsenbinder.de, Di–So 12–16, 17–22 Uhr

€€ | **Alte Brauerei Pilsum** Ob zur Kuchenzeit oder abends zum Steinbeißer oder Salatessen – das Lokal ist nach wie vor sehr beliebt. Besonders lecker: Seezunge mit Quellergemüse. Das Gebäude selbst geht auf das Jahr 1673 zurück. ■ An der Alten Brauerei 2, Pilsum, Tel. 04926/912915, www.alte-brauerei-pilsum.de, Mi–So 11–21 Uhr

Cafés

Bäcker Buchholz

Ein belegtes Brötchen zwischendurch oder ein luftiges Stück Torte – dafür ist diese Bäckerei die richtige Adresse. Zentral in Pewsum gelegen, verfügt der Laden auch über ein kleines Café. ■ Schatthausstr. 2a, Tel. 04923/9117494, Mo–Sa 7–19.30, So 7–17 Uhr

15 **Osterburg Burgcafé** Hier ist es richtig romantisch. Im Garten sitzen und auf den efeuberankten Treppengiebel schauen, dabei hausgemachte Torte schlemmen oder Waffeln essen, ist Genuss pur. Wer es lieber salzig mag, kann kleine Spezialitäten bestellen. Der verwunschene Park der Burg allein ist schon einen Blick wert. ■ An der Osterburg 1, Krummhörn, Tel. 04923/805468, www.osterburg-groothusen.de, April–Okt. Mi, Do 12–18, Fr 12–20, Sa 9–20, So 9–18 Uhr, Juli, Aug. auch Mo, Di 12–18 Uhr

Einkaufen

Käserei Pilsum Ziegenkäse, Honig aus den Salzwiesen oder Lammfleisch – die Palette des Hofladens ist fein und konzentriert sich auf regionale Spezialitäten vom Deich. Besonders lecker: Ziegenkäse mit Bärlauch. ■ Tjücher Weg 1, Pilsum, Tel. 04926/307, www.kaesehofladen.de, Mo–Fr 10–12, 14.30–18, Sa 9.30–12, 14.30–17, So 15–17 Uhr

Bühne

Ostfriesland lacht Anekdoten aus Ostfriesland erzählt Heiner Müller in seinem unnachahmlichen Comedy-Stil. Oftmals sogar mit Gaumenkitzel in Form von Tapas als Begleitung für die Zuschauer. Das Ambiente in dem »Sehr kleinen Haus« ist kuschelig, es verfügt nur über 54 Sitzplätze und ein kleines Restaurant. ■ Auf der Warf 1, Pilsum, Tel. 0173/3161053, www.ostfrieslandlacht.de

Erlebnisse

Treckerverleih Sie haben schon immer mal davon geträumt, auf einem Trecker zu sitzen und durch die Landschaft zu tuckern? Dann ab ins Landwirtschaftsmuseum Campen. Dort werden sie für verschiedene Touren verliehen. ■ Tannenweg 1, Campen, Tel. 04927/939523, www.olmc.de, 2 Std. 62 €

Übernachten

Direkt am Hafen, an der Delft oder am Meer – Hauptsache Wasser, so könnte man meinen, lautet die Devise in dieser Region. Viele Hotels bieten hier den Komfort, schon nach dem Aufstehen auf Wasser blicken zu können, oftmals mit Panoramafenstern bis zum Boden. Doch es muss nicht immer das Meer sein, die vielen Parks und Gärten in der Gegend sind ebenso schöne Refugien, um sich von einem Tag voller Erlebnisse etwas zu erholen. Dabei ist vor allem in diesem Landstrich für jede Preisklasse etwas dabei. Jedoch zeigt sich: In den Städten werden die Betten teurer, wer ein Hotel auf dem Land sucht, kann möglicherweise einige Euro sparen. In der Krummhörn allerdings gilt das nicht, zu beliebt ist die Gegend bei Touristen, zu hoch die Nachfrage, der zu wenig Angebote gegenüberstehen.

Emden 66

€€ | Prinz Heinrich Sauberes, modernes Hotel in guter Citylage. Es liegt nah am Wall, und die Umgebung lädt zu schönen Spaziergängen ein. Gäste parken dort kostenfrei. ■ Wolthuser Str. 19, 26725 Emden, Tel. 04921/93180, www.hotel-prinzheinrich.de

€€€ | Hotel am Delft Wer Luxus mag, ist hier richtig. Die Zimmer sind hell und leicht eingerichtet, in manchen Räumen gibt es sogar einen künstlichen Kamin. Das moderne Haus liegt herrlich an einer Gracht, was aus manchen Zimmern herrliche Blicke aufs Wasser garantiert. Vier-Sterne-Komfort. ■ Am Delft 27, 26721 Emden, Tel. 04921/39190, www.hotel-am-delft.de

Aurich 73

€€ | Hotel am Schloss Ebenfalls sehr zentral liegt das Hotel am Schloss, das nicht nur mit seiner guten Lage, sondern auch mit der Ausstattung überzeugt. Es ist traditionell-hochwertig eingerichtet, besonders gut ist das Frühstücksbüfett. ■ Bahnhofstr. 1, 26603 Aurich, Tel. 04941/95520, www.hotel-am-schloss-aurich.de

€€€ | Hochzeitshaus Wer schon immer mal in einem Gutshaus wohnen wollte, ist hier richtig. Das Haus wirkt, als würde gleich der Graf persönlich vorbeikommen. Der weiße Bau liegt an einem kleinen Park. Im Inneren lockt Luxus verbunden mit klaren Linien, viel Platz und hochwertigen Möbeln. Die Lage ist top, die wichtigsten Sehenswürdigkeiten sind ganz nah. ■ Bahnhofstr. 4, 26603 Aurich, Tel. 04941/604460, www.hochzeitshaus-aurich.de

Dornum 75

€€ | Ha Wattn Frisch in blau-weiß kommen die Zimmer daher. Das Haus ist saniert und liebevoll eingerichtet. Sehr modern und fast schon stylish, ohne die Gemütlichkeit zu vergessen. Das Hotel liegt direkt am Siel und bietet von einigen Zimmern Blick aufs Wasser. ■ Hafenstr. 7, 26553 Dornum, Tel. 04933/8159, www.hawattn.de

€€ | Hotel Herrlichkeit Dornum Modernes Hotel im Business-Stil, es gibt eine hauseigene Sauna. Neben Doppel- und Einzelzimmern warten auch Apartments auf Gäste. Ganz nah liegt das Dorumer Tief. ■ Bahnhofstr. 23, 26553 Dornum, Tel. 04933/91100, www.hotel-herrlichkeit-dornum.de

Südbrookmeerland 79

€ | **Landhaus Großes Meer** Hier stimmen Preis und Leistung: Das Haus liegt nah des Großen Meeres und bietet so nicht nur einen schönen Blick, sondern auch viele Freizeitmöglichkeiten. Die geräumigen Zimmer sind sehr hell und modern ausgestattet. ■ Am Meer 1, 26624 Südbrookmerland, Tel. 04942/627, www.hlgm.de

Greetsiel 80

€ | **Die Krabbe von Greetsiel** Die Holzbetten verströmen einen leichten Duft, die Zimmer sind in Naturmaterialien eingerichtet, in warmen Farben und modern. Wie eine Bauernstube aus dem 21. Jh. Ostfriesische Gemütlichkeit macht sich dort breit. ■ Inselstr. 3, 26736 Krummhörn, Tel. 04926/2196, www.krabbe-von-greetsiel.de

Viel Ruhe und direkt am Seeufer gelegen: das Landhaus Großes Meer

Krummhörn 83

€ | **Alte Bäckerei Hamswehrum** Ein schönes Ferienhaus, mit viel Liebe saniert. ■ Hamswester Str. 13, 26736 Krummhörn, Tel. 04923/8896

ADAC Das besondere Hotel

Der Backsteinbau wirkt wie ein altes Speichergebäude. Das **Romantik Hotel Reichshof** ist mit Fingerspitzengefühl saniert und verstrahlt eine angenehm luxuriöse Stimmung. Die geräumigen Zimmer sind alle liebevoll in verschiedenem Stil eingerichtet, alles hebt sich angenehm vom Hoteleinerlei ab. Perfekt für ein Wochenende zu zweit. *€€€ | Neuer Weg 53, 26506 Norden, Tel. 04931/1750, www.reichshof-norden.de*

Rund um Wilhelmshaven

Im Schutz des Jadebusens finden sich die Hafenstadt Wilhelmshaven mit ihren Museen, kreative Künstlerstädte und quirlige Sielorte

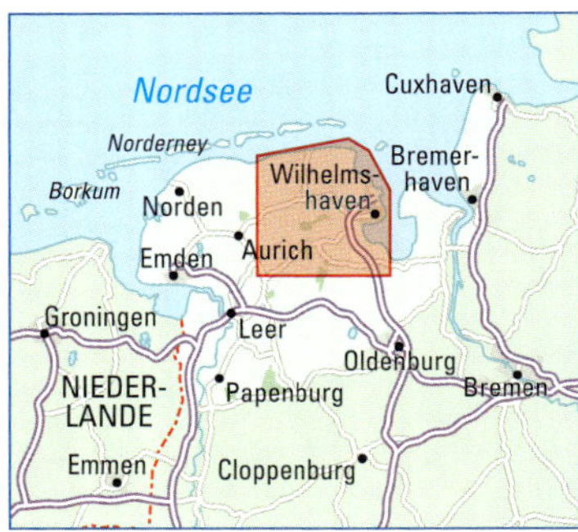

Der größte Tiefwasserhafen Deutschlands mit seinen riesigen Containerschiffen ist ebenso etwas Einmaliges wie das kleine Künstlerstädtchen Dangast, ein Ort, der den seltenen deichfreien Blick auf die Nordsee verspricht. Die Region zwischen Wilhelmshaven und Schillig ist geprägt von einer weiten, platten Landschaft und Küstenorten, die mit vielen Angeboten locken. Wer Surfen oder Segeln lernen will, ist dort ebenso richtig, wie jene, die einfach nur entspannen wollen: Der Sandstrand in Schillig mit seinen Dünen ist perfekt, von dort starten Wanderungen auf unbewohnte Inseln. Ist das Wasser wieder da, tummeln sich vielerorts Surfer, oder Kinder buddeln im Sand, der an vielen Stellen künstlich aufgeschüttet ist. Postkartenschön zeigt sich Carolinensiel mit seinem Hafen und den hübschen Backsteinhäusern, in denen sich so mancher außergewöhnliche Laden verbirgt, etwa eine Drogerie, in der seit 60 Jahren die Zeit stehen geblieben zu sein scheint.

In diesem Kapitel:

ADAC Top Tipps:

Dangast
| Kurort |

Als einziger Künstlerort an der Nordsee pflegt Dangast noch immer die kreative Stimmung. 95

Museumshafen Carolinensiel
| Museumshafen |

Hübscher Museumshafen, an dem sich nicht nur ein alter Tante-Emma-Laden befindet, sondern von dem auch die Krabbenfischer starten. 105

ADAC Empfehlungen:

Museumsmeile, Wilhelmshaven
| Museen |

Der Südstrand der Hafenstadt lohnt nicht nur an Regentagen mit seinen

30

26

18
228

22 Wilhelmshaven

Hafenflair, tolle Museen und ein Südstrand

Die 1907 eingeweihte Kaiser-Wilhelm-Brücke führt zum Südstrand von Wilhelmshaven

Information

■ Touristen-Info, Ebertstr. 110, 26382 Wilhelmshaven, Tel. 044 21/91 30 00, www.wilhelmshaven-touristik.de

■ Parken siehe S. 93

Den Duft der großen, weiten Welt verströmt Wilhelmshaven (76 300 Einw.) mit seinen vielen Frachtern und Schiffen. Wohin man auch fährt, überall scheint Wasser zu sein. Das hat wohl schon König Wilhelm I. von Preußen fasziniert, als er die Stadt, die nach ihm benannt ist, 1869 gründete. Heute ist Deutschlands einziger Tiefwasserhafen einer der wichtigsten Umschlagplätze für Rohöl in Deutschland. Wilhelmshaven ist eine Stadt mit vielen Hafenbecken, sie trennen das Zentrum

ADAC Wussten Sie schon?

»Moin« ist eine Abkürzung. Eigentlich sagte man früher an der Küste zur Begrüßung »N mooien Dag wünsch ik di«, daraus wurde später das verkürzte »Moin Dag«, und praktisch wie sie sind, die Ostfriesen, haben sie es später weiter auf »Moin« verkürzt. Übrigens heißt es nur »Moin«, »Moin Moin« sagen nur die Touristen, die sich nicht auskennen.

Plan
S. 93

vom Südstrand und zwischendrin ein See, der Banter See – dichter am Wasser gebaut sein kann man fast gar nicht. Die Maritime Meile erstreckt sich auf etwa 1,6 km zwischen dem Bontekai und dem großen Hafen und bietet sechs Museen Platz. Aber allein schon die Drehbrücken wie etwa die Kaiser-Wilhelm-Brücke, sind sehenswert.

Sehenswert

Rathaus

| Architektur |

Eine ganz eigene, fast kubistisch anmutende Backsteinarchitektur zeichnet das Wilhelmshavener Rathaus aus. Es wurde 1928 erbaut, und mit seinem zentralen Turm in der Mitte heißt es bei den Einheimischen »Burg am Meer«.

■ Rathausplatz 1

Kunsthalle

| Ausstellung |

In dem sachlichen Bauhaus-Gebäude werden Wechselausstellungen gezeigt, gerne auch Zeitgenössisches.

■ Adalbertstr. 28, Tel. 044 21/414 48, www.kunsthalle-wilhelmshaven.de, Di–So 11–17, Do bis 20 Uhr, 4 €, erm. 2 €

Pumpwerk

| Veranstaltungsort |

Einst wurde hier Abwasser in die Nordsee gepumpt, heute erzittern die Leitungen eher von Musikklängen: Kleinkunst, Konzerte und A cappella sind im Kulturzentrum zu hören. Im Sommer gibt es viele Open-Air-Veranstaltungen.

■ Banter Deich 1 a, Tel. 044 21/927 90, www.pumpwerk.de

Museumsmeile

| Museen |

Marinegeschichte, Umweltschutz an der Küste und Schaubecken

Am Südstrand befindet sich die Museumsmeile von Wilhelmshaven. Dort lockt das Marinemuseum mit den historischen Kriegsschiffen im Hafen, die auch ohne Eintritt von außen zu sehen sind. Besonders schön ist das Wattenmeer Besucherzentrum – auch jenseits der Schweinswaltage. Doch wenn die Meeressäuger im April ins Hafenbecken der Stadt schwimmen, lassen sie sich von der Terrasse des Wattenmeerhauses am besten beobachten.

Küstenmuseum

| Museum |

Wie hat sich die Küste im Lauf der Jahrzehnte verändert? Fragen wie diese beantwortet das Küstenmuseum. Die Ausstellung geht auch auf die Stadtgeschichte Wilhelmshavens ein.

■ Weserstr. 58, Tel. 044 21/40 09 40, www.kuestenmuseum.de, Feb.–Dez. Di–So 11–17 Uhr, 5 €, Kinder (6–15 J.) 2,50 €

UNESCO-Weltnaturerbe Wattenmeer Besucherzentrum

| Museum |

Welche Höchstleistungen Sandpierwurm und Co. im Watt erbringen, darüber informiert das Wattenmeerhaus. Besonders schön ist die Besucherterrasse, die im Mai zum Hotspot der Walbeobachtung wird, dann kann man die Wale direkt im Hafen sehen.

■ Südstrand 110 b, Tel. 044 21/91 07 33, www.wattenmeer-besucherzentrum.de, April–Okt. tgl. 10–17, Nov.–März Di–So 10–17 Uhr

Deutsches Marinemuseum

| Museum |

Wer sich für die Marine interessiert, für den ist dieses Museum Pflicht, denn Wilhelmshaven als größter deutscher Marinestützpunkt zeigt in diesem Haus 160 Jahre deutsche Marinegeschichte. Spannend ist der dazugehörige Museumshafen mit U-Boot und Zerstörer.

■ Südstrand 125, Tel. 044 21/40 08 40, www.marinemuseum.de, April–Okt. tgl. 10–18, Nov.–März 10–17 Uhr, 12,50 €, Kinder bis 14 J. 7 €

8 Aquarium Wilhelmshaven

| Aquarium |

Nicht immer findet man alle 250 Arten von Tieren im Wattenmeer. Gerade für Kinder ist es daher recht anschaulich, wenn sie sich die Nordseefauna in den Aquarien ansehen können. Übrigens stößt man nicht nur auf Tiere unserer Breiten, sondern auch auf Pinguine und Haie. Außerdem gibt es ein Urzeitmeer-Museum, in dem mehr als 500 originale Fossilien zu bestaunen sind.

■ Südstrand 123, Tel. 044 21/506 64 44, http://aquarium-wilhelmshaven.de, tgl. 10–18 Uhr, 15 €, Kinder (4–15 J.) 10 €

Südstrand

| Flaniermeile |

Mit ihm rühmt sich die Stadt, immerhin kann sie den einzigen Südstrand an der Nordseeküste ihr Eigen nennen. Wer aber Sand erwartet, wird enttäuscht, der Strand besteht hier aus nordseetypischen Grünflächen und wird in den Sommermonaten zur Partymeile der Stadt mit bunten Strandkörben.

JadeWeserPort-InfoCenter

| Museum |

Dieser Hafen ist ein einziger Superlativ: Er ist der tiefste Hafen Deutschlands, der östlichste Tiefwasserhafen Europas und einer der wenigen Häfen weltweit, in dem die größten Containerschiffe der Welt gelöscht werden können. Das kleine Museum am Infocenter gibt Auskunft, dort starten auch interessante Rundtouren per Bus durch den Hafen.

■ Am Tiefen Fahrwasser 11, Tel. 044 21/771 90 91, www.jadeweserport-infocenter.de, März, April, Okt., Nov. 10–17, Mai–Sept. 10–18 Uhr, 4 €, Kinder bis 16 J. 2,50 €

Verkehrsmittel

Wer in Wilhelmshaven unterwegs ist, sollte mehr Zeit einplanen, denn viele Wege sind nicht unmittelbar miteinander verbunden, man muss unter Umständen **große Umwege** um Hafenbecken oder den Banter See fahren. Der Plan, den Jadebusen mit dem **Rad** zu umrunden, kann mit der Fähre nach Eckwarnerhörne umgesetzt werden, sie befördert Fußgänger und Fahrräder. ■ Reederei Warrings, Südstrand 123, Tel. 04464/94950, www.reederei-warrings.de

Parken

In der Innenstadt und am Südstrand ist das Parken kostenpflichtig, eine Stunde kostet zwischen 1 € (Innenstadt) und 2 € (Südstrand).

Restaurants

€€ | CaOs-Restaurant Der vielleicht schönste Ort, um den Blick über den Hafen schweifen zu lassen und dabei gut zu speisen: In einer alten Torpedohalle nimmt der sibirische Inhaber das Ambiente in der Einrichtung auf und erschafft ein modernes Loft-Feeling. Die Küche reicht von kleinen Snacks wie Rinderfrikadellen zu hausgemachter Pasta und cremigen Suppen. ■ Am Großen Hafen 1, Tel. 04421/8065660, www.caos-wilhelmshaven.de, Plan S. 93, b3

Cafés

Monty's Deli Ein kleines Café im englischen Stil mit viel Liebe zum Detail und wunderbaren Torten. Auch gut zum Frühstücken. ■ Grenzstr. 10, Tel. 04421/7483130, Plan S. 93, a2

Einkaufen

Die verkehrsberuhigte Shoppingmeile rund um die **Marktstraße** lädt zum Bummeln ein, ebenso die **Nordseepassage**. Dort finden sich kleine Geschäfte, aber auch die großen Ketten.

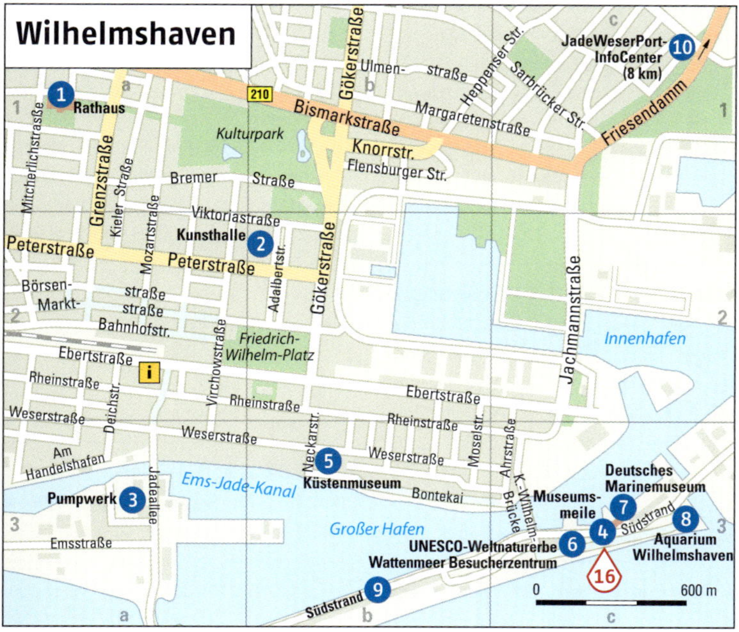

Wilhelmshaven

1 Rathaus
2 Kunsthalle
3 Pumpwerk
4 Museumsmeile
5 Küstenmuseum
6 UNESCO-Weltnaturerbe Wattenmeer Besucherzentrum
7 Deutsches Marinemuseum
8 Aquarium Wilhelmshaven
9 Südstrand
10 JadeWeserPort-InfoCenter (8 km)
16

Kulturpark
Innenhafen
Großer Hafen
Ems-Jade-Kanal
Friedrich-Wilhelm-Platz
Bismarckstraße
Friesendamm
Gökerstraße
Grenzstraße
Peterstraße
Jachmannstraße
Ebertstraße
Rheinstraße
Weserstraße
Bahnhofstr.
Jadeallee
Emsstraße
Bontekai
0 600 m

Ein buntes Treiben bietet der **Wochenmarkt**: Er findet auf dem Rathausplatz mittwochs und samstags von 7–13 Uhr statt. Beliebt ist auch **Wilhelms Outletcenter**. Es bietet auf 15 000 m² mit mehr als 50 Geschäften Designerware zum Schnäppchenpreis. ■ Virchowstr. 32, www.wilhelms-outlet.de, Plan S. 93, b2

Bühne

Theater am Meer Plattdeutsches Theater garantiert dieses Haus mit seiner typischen Mischung aus Amateur- und Profibühne. ■ Kieler Str. 63, Tel. 044 21/ 777 49, www.theater-am-meer.de, Aug.–Mai, Plan S. 93, a1

Gefällt Ihnen das?

Wenn Sie sich für die plattdeutsche Sprache interessieren, gibt es an der Küste viele Möglichkeiten, dem breiten Dialekt zu lauschen. Neben Wilhelmshaven hat auch **Wiesmoor** eine plattdeutsche Bühne (S. 98), in Wittmund kann man das **Ostfriesenabitur** (S. 101) ablegen, zu den Prüfungsfächern gehört auch Platt.

Kinder

Störtebecker Park Auf 2 ha bietet dieser Park genügend Tobefläche für Familien. Kinder können nicht nur spielen, sondern auch forschen, es gibt Modellbauten, Biotope, Wasserflächen und Tiere zu bestaunen. ■ Freiligrathstr. 426, Plan S. 93, nördl. a1

Erlebnisse

Hafenrundfahrten Wer den Hafen nicht kennt, hat diese Stadt nicht gesehen, deswegen gehört eine Hafenrundfahrt zu einem Wilhelmshavenbesuch einfach dazu. Sie startet von April bis Oktober täglich am Helgolandkai. ■ Reederei Warrings, Südstrand 123, Tel. 044 64/949 50, www.reederei-warrings.de, 13 €, Jugendliche (15–18 J.) 11 €, Kinder 10 €, Plan S. 93, c3

Im Blickpunkt

Plattdeutsch

Es ist nicht einfach ein Dialekt der Küste – es ist eine richtige Sprache: Plattdeutsch ist für die Menschen an der Küste wie eine zweite Muttersprache, die vor allem die älteren und mittelalten Menschen auf dem Land auch heuteb noch verstehen und sprechen. Die niederdeutsche Volkssprache hat dabei gar nichts mit dem Begriff flach zu tun, weder die Sprache noch die Menschen sind platt. Richtig heißt sie auch Niederdeutsch und ist übrigens auch offiziell als Minderheitensprache in der Europäischen Charta anerkannt. Die Sprache wird heute besonders gepflegt, und nicht nur im Tourismus gibt es Sprachführer, sondern auch in vielen Restaurants zweisprachige Karten. Einige Regionen bieten sogar eigene Plattdeutschkurse an.

Sport

Kanu Die Stadt erpaddeln, dazu hat man hier die beste Ausgangslage. ■ Paddel- & Pedalstation Sande–Friedeburg–Wilhelmshaven, Robert-Schumann-Str. 16, Tel. 044 21/987691, www.paddel-und-pedal.info, Plan S. 93, nördl. a1

23 Dangast

Künstlerzentrum an der Nordseeküste seit mehr als 100 Jahren

Information

■ Kurverwaltung Nordseebad Dangast, Edo-Wiemken-Str. 61, 26316 Varel-Dangast, Tel. 044 51/911 40, www.dangast.de

Der deichfreie Blick auf die Nordsee, je nach Tide auf das Wasser und den Jadebusen oder das Wattenmeer, ist das Alleinstellungsmerkmal von Dangast. Möglicherweise der Grund, warum der Ort so beliebt bei Künstlern war. Allen voran der Maler Franz Radziwill (1895–1983), der in dem Nordseebad einen Großteil seines Lebens verbracht hat. Nicht nur das Museum erinnert an ihn, sondern vor allem auch das Kurhaus, ein einmaliges Café mit einem eigenen Strand voller Skulpturen. Besonders schön ist der Eichenwald, der direkt an den Sandstrand grenzt.

Die Figur »Jade« von Anatol Herzfeld am Skulpturenpfad von Dangast

Sehenswert

Franz-Radziwill-Haus

| Museum |

Der Maler des Magischen Realismus hat seine prägenden Jahre im Kurbad Dangast verbracht. 60 Jahre lang lebte und arbeitete er in der Sielstraße. Sein Wohnhaus erzählt von seinem Wirken, seinen Inspirationen und wie sich sein Malstil allmählich vom Expressionismus zum Magischen Realismus und später zum Symbolismus wandelte. Wechselnde Ausstellungen.

■ Sielstr. 3, www.radziwill.de, Mi–Fr 15–18, Sa, So 11–18 Uhr, Nov.–Mitte Dez. nur Fr, Sa, So, 5 €, mit Kurkarte 4 €, Kinder bis 14 J. frei, Kinderkurse

Kurhaus und Logierhaus

| Veranstaltungsort |

Wichtigster Künstlertreff der Nordsee mit Skulpturen am Strand

Unter Bäumen versteckt liegt das Backsteinhaus auf dem Geestrücken: Das Kurhaus in Dangast war schon immer Mittelpunkt des kulturellen Lebens in Dangast. Dort haben sich einst Joseph Beuys, Franz Radziwill oder Anatol Herzfeld inspirieren lassen. In dem Café sind heute noch viele Kunstwerke zu bewundern, während man den legendären Rhabarberkuchen isst. Zudem bietet das angrenzende Logierhaus mit seinen offenen Ateliers und Läden ein ganz eigenes Flair.

■ An der Rennweide 46, Tel. 044 51/44 09, http://kurhausdangast.de, Fr–So 9–19 Uhr

Skulpturenpfad Kunst am Deich | Kunstmeile | Die sieben Tage der biblischen Schöpfungsgeschichte gaben den thematischen Rahmen zu diesem Kunstpfad. Auf der 11 km langen Strecke zwischen Mariensiel und Dangast sind Werke zeitgenössischer Bildhauer zu finden.

Kneipen, Bars und Clubs

Beachclub Hier genießt man seinen Drink unter Palmen: Der Beachclub Sonnendeck verbreitet fröhliche Ferienstimmung und ist der angesagte Ort zum Sundowner im Künstlerstädtchen. ■ Edo-Wiemken-Str. 63, www.sonnendeck-dangast.de, Mai–Okt. tgl. ab 12 Uhr

Erlebnisse

Akademie Dangast Fotospaziergänge, Schnuppermalkurse oder Kinderkunst – wer selbst künstlerisch tätig werden möchte, ist in der Akademie richtig. Vor allem während der Sommermonate findet man dort ein gutes Programm an Mitmachangeboten. ■ Edo-Wiemken-Str. 61, Tel. 04451/91140, www.akademie-dangast.de

Entspannung

Watt'n Sauna In der Sauna sitzen und auf das Wattenmeer schauen – dieses Haus lockt mit Finnischen Saunen sowie einer Solesauna, aus der Solequelle des Ortes gespeist. ■ Edo-Wiemken-Str. 61, Tel. 04451/91140, Di 14–18 (Damensauna bis 22), Mi 14–21, Do, Fr 14–22, Sa 12–22, So 10–20 Uhr, 2 Std. 11,50 €

ADAC Mobil

Mit dem **Urlauberbus** können Feriengäste sich umweltfreundlich in der Region zwischen Ems und Jade bewegen. Dazu müssen sie die NordseeCard vorlegen, das Angebot gilt ab 9 Uhr täglich und kostet für Erwachsene 1 € pro Strecke.

Dangast, das südlichste Nordseebad, bietet einen unverbauten Blick auf den Jadebusen

24 Varel

Ein bunter Hafen und viel Flair: Hier wird noch Seemannsgarn gesponnen

Information

■ Kurverwaltung Nordseebad Dangast, Edo-Wiemken-Str. 61, 26316 Varel, Tel. 04451/91140, www.dangast.de

Wer in Varel ist, geht zunächst an den Hafen, er bildet zwar nicht das Zentrum, aber hier findet das touristische Leben statt. Der Zugang zur See geht zurück auf ein Siel von 1733. Der Hafenbetrieb lief schleppend an, er hat sich aber bis heute gehalten mit Werften, Fischereien, Aalräuchereien, Museen, einer Bummelmeile, an der die wohl kleinste Kneipe Deutschlands liegt. Herausragende Attraktion ist das Museum Spijöök (Kohlhof 5, Tel. 04451/4488, www.spijöök.de, Mitte Mai–Mitte Sept. Sa, So 15–17 Uhr, 4 €, Kinder 1 €). Ein russisches Atom-U-Boot, das gegen einen VW-Golf und zwei Flaschen Wodka eingetauscht wurde, ist in diesem eigenartigen Museum ebenso zu sehen wie ein Einweg-U-Boot für das Wattenmeer. Das Haus ist das einzige in Deutschland, das sich ganz den Legenden und Kuriositäten rund um die Seefahrt widmet. Weiter ortseinwärts fungiert die Mühle (1847) als Heimatmuseum mit Exponaten zu typischem Ostfriesensport wie Boßeln oder Klootschießen (Mühlenstr. 52a, Tel. 04451/860801, Feb.–April, Nov. Sa 10–12, Mai–Okt. Sa, So 10–16, Mi 10–12 Uhr).

Kneipen, Bars und Clubs

Up'n Prüfstand Nur 4,5 m^2 misst dieser Raum, in den eine Theke und ein Spülbecken passen, mehr aber auch nicht. Up'n Prüfstand ist die wohl kleinste Kneipe Deutschlands. Hier ein Bier mit Blick auf den Hafen zu trinken ist Kult in Varel. ■ Am Hafen 4, Tel. 04451/2161

In der Umgebung

Jaderpark

| Tierpark |

Wer Giraffen, Löwen & Co. an der Nordsee sehen möchte, ist hier ebenso richtig wie Familien, die Action brauchen. Eine Spielscheune steht bei schlechtem Wetter für Kinder bereit. ■ Tiergartenstr. 69, Tel. 04454/91130, www.jaderpark.de, April–Okt. tgl. 9–18, Nov.–März Mo–Fr 14–18, Sa, So 10.30–18 Uhr, 21,50 €, Kinder (3–12 J.) 19,50 €, Senioren (ab 65 J.) 16 €, Hunde 2,50 €

25 Wiesmoor

Blühende Gärten vermischt mit Moortradition bietet dieser Luftkurort

Information

■ Luftkurort Wiesmoor Touristik GmbH, Dahlienstr. 26, 26639 Wiesmoor, Tel. 04944/91980, www.tourismus-wiesmoor.de

Mitten im zentralen Hochmoor von Ostfriesland befindet sich Wiesmoor. Noch bis zum Beginn des 20. Jh. hat sich die Natur hier ausgedehnt, heute befindet sich darauf die Stadt Wiesmoor. Reste des Moores sind aber noch immer zu erkennen, vor allem in der Umgebung. Wiesmoor an sich aber punktet bei den Gästen vor allem als Blumenstadt. Denn in den Gewächshäusern gedeihen mehr als 5 Mio. blühende Topfblumen im Jahr.

Sehenswert

Torf- und Siedlungsmuseum
| Museum |
Die harte Arbeit, den weichen Moorboden für menschliche Besiedelung urbar zu machen, dokumentiert dieses Museum. Dabei gibt es auch Einblick in das Alltagsleben der damaligen Zeit, etwa in einer historischen Grundschule oder einer Schmiede. Besonders schön sind die Mitmach-Aktionen, etwa das Backen von Steinofenbrot.

■ Resedaweg 18, Tel. 049 44/91 22 53, www.torf-und-siedlungsmuseum.de, Mitte März–Mitte Okt. tgl. 10–18 Uhr, 2 €, Kinder 0,50 €, Hunde willkommen

Blumenhalle
| Ausstellung |
Mehr als 10 000 Pflanzen blühen um die Wette und formieren sich zu schönen Stillleben, ob in bepflanzten Booten oder an Wasserorgeln, die nach der Musik tanzen. Sehenswert ist nicht nur die Halle mit dem rund gebogenen Dach, sondern auch der angrenzende, ungefähr 5 ha große Gartenpark. Eine Museumsbahn aus alten Loren verbindet Blumenhalle sowie Torf- und Siedlungsmuseum miteinander.

■ Dahlienstr. 26, Tel. 049 44/91980, Mitte März–Mitte Okt. tgl. 10–18 Uhr, 7 €, erm. 8 €, 13–18 J. 3,50 €, Kinder bis 12 J. 1,50 €

Cafés

moor fiev Ein knisternder Kamin im Raum, eine schnörkellose Einrichtung und eine kleine Karte – das Café moor fiev setzt auf kleine, aber feine kulinarische Akzente, vor allem bei Kuchen und Torte, zudem gibt es Workshops zu künstlerischen Techniken für Kinder und Erwachsene sowie ein offenes Atelier. ■ Marktstr. 5, http://moor-fiev.de, Tel. 049 44/945 5510, Mo–Fr 8.30–18, Sa, So bis 17 Uhr

Bühne

Niederdeutsche Bühne Plattdeutsches Theater bietet die Niederdeutsche Bühne seit über 50 Jahren mit Komödien. Alle Schauspieler arbeiten ehrenamtlich. ■ Kornblumenweg 56, Tel. 049 44/919841, www.ndb-wiesmoor.de

Erlebnisse

Moorvoigtdiplom Echte Moorerfahrung sammeln Besucher beim Absolvieren des Moorvoigtdiploms. Sie gehen dabei zum Torfstechen, wandern durch das Moor und genießen Ostfriesentee vom offenen Feuer. ■ Buchbar bei der Touristeninfo

26 Jever

Altes Handwerk mit Brauern, Blaudruckern und einem hübschen Stadtkern

Information

■ Alter Markt 18, 26441 Jever, Tel. 044 61/ 93 92 61, www.stadt-jever.de

Ein rosafarbenes Schloss im Zentrum, umgeben von kleinen Grachten und einem hübschen Park, enge Gassen mit originellen Läden – Jever ist nicht nur bloße Bierstadt, sondern lohnt einen Besuch. Vom Schloss aus führt ein Weg durch die Innenstadt, entlang des hübschen Marktplatzes und der kleinen Gasse mit der Blaudruckerei. Am Rand liegt die hübsche Schlachtemühle, die inzwischen ein kleines Museum geworden ist. Immer wieder aber führen die

Mittelpunkt der Kleinstadt Jever ist das Schloss mit seinem massiven Bergfried

Wege zum Schloss, das am schönsten im Frühjahr zur Zeit der Magnolien- und Kirschblüte erscheint.

Sehenswert

Schloss Jever

| Schloss |

Aus einer alten Festungsanlage hat die Regentin Maria von Jever im 16. Jh. die heutige Schlossanlage von Jever errichten lassen. Im Inneren des Bauwerks klärt ein Museum Besucher über die Geschichte des Jeverlandes auf. Zu sehen sind Exponate der Wohnkultur der vergangenen 400 Jahre, die Ausstellung vermittelt zudem Einblicke in die ostfriesische Historie zwischen Häuptlingen und Herrschern. Prunkstück ist der ehemalige Audienzsaal.

■ Schlossplatz, Tel. 044 61/96 93 50, www.schlossmuseum.de, tgl. 10–18, im Winter nur Di–So, 6 €, Kinder und Jugendliche bis einschl. 18 J. frei, schön ist der umgebende Park

Bismarckmuseum

| Museum |

Das kleine Museum widmet sich ganz dem ehemaligen Reichskanzler und zeigt alte Dokumente, Bücher und zeitgenössische Alltagsgegenstände.

■ Wangerstr. 15, Tel. 044 61/91 81 14, Di–So 10–17 Uhr, 3 €

Brauereimuseum

| Museum |

Der Name der Stadt ist unmittelbar mit der bekannten Biermarke verbunden, die seit dem Jahr 1848 aus Jever kommt. Heute steht die Brauerei für moderne Bierherstellung, nicht zuletzt symbolisiert durch die beiden Glastürme, die das Stadtbild prägen. Wer wissen will, wie das Bier hergestellt wird, und es vielleicht auch verkosten will, meldet sich zu einer Führung durch das Sudhaus und die Malzanlagen an.

■ Schlachstr. 2, Tel. 044 61/137 11, www.jever.de, 9,50 €, Kinder (6–15 J.) 3,50 €, Mo–Fr 10–18, Sa 10–14 Uhr

Lust auf Hintergrundwissen zur Bierbraukunst? Das Brauereimuseum in Jever

Blaudruckerei Jever

| Werkstatt |

Die Welt von Georg Stark ist blau: Er ist einer der letzten Blaudrucker Deutschlands und versteht sich auf die schwierige Kunst, mit dem pflanzlichen Farbstoff Indigo zu färben. Sein Handwerk ist inzwischen Weltkulturerbe geworden, seine offene Werkstatt lässt sich bei einem Stadtbummel besichtigen, in aller Ruhe presst er seine Modeln auf den Stoff und führt dabei Gespräche. ■ Kattrepel 3, Tel. 044 61/713 88, www.blaudruckerei.de, Mo–Fr 11–17, Sa 10–14 Uhr

Parken

In der Innenstadt von Jever kostet das Parken pro Stunde 1 € auf den gekennzeichneten Flächen.

Cafés

Altstadtcafé Gegenüber der Stadtkirche liegt dieses hübsche Café, in dem es nicht nur leckeren, selbst gebackenen Kuchen gibt, sondern sich auch fein frühstücken lässt. ■ Am Kirchplatz 26, Tel. 044 61/25 20, Mi, Do, Sa 10–18, Mo, Fr 9–18, So 12–18 Uhr

Café & Teepavillon Sehr idyllisch im Schlosspark gelegen, bietet dieses Café die Möglichkeit, einmal in einem besonders vornehmen Ambiente Kaffee und Kuchen zu genießen. ■ Schlossplatz 1, Tel. 044 61/969 35 31, www.cafe-und-teepavillon.de, Di–So 13–18 Uhr

Einkaufen

Wochenmarkt Frisches Obst oder heimische Spezialitäten finden sich hier. Naschkatzen kommen voll auf ihre Kosten, ob bei frischem Käse, an Wurstständen oder am Fischwagen. ■ Kirchplatz, Di, Fr 7–12.30 Uhr

27 Wittmund

Zwischen Festungswall und Kunstmeile kann man das Ostfriesenabitur ablegen

Information

■ Tourist-Information Wittmund, Kurt-Schwitters-Platz 1, 26409 Wittmund, Tel. 044 62/98 31 50, www.wittmund.de

Wer das Kampfflugzeug am Stadteingang sieht, weiß: Hier befindet sich ein Schwerpunkt der Luftwaffe. Tatsächlich ist Wittmund ein wichtiger Bundeswehrstandort. Doch es nur darauf zu reduzieren, würde der Stadt nicht gerecht. Sehenswert ist z.B. der Schlosspark. Der einzige erhaltene

Festungswall Ostfrieslands ist dort zu besichtigen. Aber auch die Kirche St. Marien mit einer Orgel von Richbon zählt zu den Schätzen des Ortes, ebenso wie die Windmühle Peldemühle, die heute als Museum dient. In der Stadt gibt es einen Walk of Fame. Wittmund hat diese Hollywood-Idee neu interpretiert und Handabdrücke und Unterschriften von Berühmtheiten wie Otto Waalkes, Hardy Krüger oder Uwe Seeler in der Drostestraße in Beton verewigt. Wer in der Stadt herumspaziert, wird schnell die Kunstmeile zwischen Rathaus und Carolinensieler Straße finden.

Erlebnisse

Eine witzige Qualifikation ist das **Ostfriesenabitur**, das man in Wittmund erlangen kann. Dazu muss man ganz besondere Anforderungen wie Kuhmelken, Straßenweitboßeln oder Plattsprechen bestehen. Informationen und Anmeldung bei der Touristeninfo. ■ April–Okt. und nach Vereinbarung, Dauer 3,5–4 Std., 24,50 €, Kinder 13 €

In der Umgebung

Funnix

| Dorf |

Kein Scherz, dieses Dorf heißt wirklich so. Es ist auf einer alten Warft entstanden. Besonders die Kirche ist einen Besuch wert. Sie stammt aus dem 14. Jh., vor allem der figurenreiche gotische Schnitzaltar, der Kindheit und Passion Jesu darstellt, ist sehenswert ebenso wie die Orgel von Johann Friedrich Constabel. Gegenüber der Kirche lockt ein Skulpturengarten mit Werken des Wittmunder Bildhauers Leonard Wübbena (Mai–Sept.).

28 Wangerland

Küstenspaß, Dünensauna und ein wunderschöner Sandstrand

Information

■ Wangerland Tourismus, Hohe Weg 1, 26434 Hooksiel, Tel. 044 25/958 00, www.wangerland.de

Ein Stück Küstengeschichte zeigt sich am Hooksieler Hafen, denn er ist ein Museumsort. Dort liegt ein Mudderboot an Land, ein alter Holzkahn, der geholfen hat, die Sielhäfen vom Schlick zu befreien, Sielwerke sind zu bestaunen, ebenso wie der Lotsenturm. Umrandet ist der Hafen von Pack- und Speicherhäusern. Im angrenzenden Neuen Hafen laufen noch immer Krabbenkutter ein. Doch auch neben dem Hafen gibt es viel zu sehen im Wangerland – vom Sandstrand in Schillig bis zur Wasserskianlage. Wem das zu viel Trubel ist, der wählt einen Pilgerweg, um das Land zu erkunden.

Sehenswert

Muschelmuseum Hooksiel

| Museum |

Was ist der Unterschied zwischen einer Muschel und einer Schnecke? Spätestens nach dem Besuch im Muschelmuseum im alten Rathaus von Hooksiel mit seiner einmaligen Sammlung kennen sich Kinder und Erwachsene bestens aus. Eine Korallenwand sensibilisiert für den Schutz dieser empfindlichen Lebensgemeinschaft.

■ Lange Str. 18, Hooksiel, Tel. 044 25/ 1278, www.hooksieler-muschelmuseum.de, April–Okt. tgl. 11–17 Uhr, 2 €, Kinder 1 €

Gruseleum Hooksiel

| Veranstaltungsort |

Dass es Hausgeister gibt, ist ja bekannt, aber Kirchengeister? Die kleine Kirche von Hooksiel ist zum Gruselort umgebaut worden. Lichter und Töne spielen dabei mit dem Nervenkitzel in den düsteren Gängen. Zum Leben erwecken Schauspieler den Ort, die hier ein wenig Geisterbahnatmosphäre erschaffen. Wer das ausgiebiger genießen will, bucht ein Gruseldinner und wird im wahrsten Sinne begeistert sein. Blasse Menschen im Sarg oder blutüberströmte Gestalten sind allerdings nichts für kleine Kinder.

■ Lange Str. 65, Tel. 044 25/308 09, www.gruseleum.de, tgl. 15–18 Uhr, ab 19 Uhr teurer, im Winter kürzer, 9 €

Gefällt Ihnen das?

Pilgern geht nicht nur auf dem Jakobsweg, sondern ist auch im Wangerland beeindruckend. Wer dort von Kirche zu Kirche wandert, wird sich schnell hineinfühlen in die Macht des Meeres und die Gewalten der Natur, vor denen die Menschen immer wieder Schutz suchten. Der **Wangerländische Pilgerweg** führt zu den Kirchen der Orte Hohenkirchen, Hooksiel, Minsen, Middoge, Oldorf, Pakens, Schillig, St. Joost, Waddewarden, Westrum, Tettens, Wiarden und Wüppels. Mehr Informationen bei Wangerland Tourismus.

St. Sixtus und Sinicius Kirche (Hohenkirchen)

| Kirche |

Das Gotteshaus, das schon im Jahr 1143 an dieser Stelle gewesen sein muss, galt lange Zeit als die wichtigste Kirche des Wangerlandes. Ihre Ausstattung zeugt heute noch mit ihren Schnitzaltären von 1620 und ihrer reich mit Ornamenten verzierten Kanzel von der einstigen Bedeutung. Der Taufstein aus dem 13. Jh. ist aus Sandstein, die im Jahr 1694 angefertigte kostbare Orgel stammt von Joachim Kayser.

■ Kattreppel 1a, Hohenkirchen

Strand Schillig

| Strand |

18 *Das ist selten: Hier gibt es Dünen am Festland der Nordseeküste*

Sandstrand, Strandkörbe und das flache Watt vor der Nase – der Strand

Im Blickpunkt

Siele: Entwässerung hinter dem Deich

Dass an der Nordseeküste viele Ortsnamen auf -siel – wie etwa Bensersiel oder Hooksiel – enden, ist kein Zufall, sondern sagt viel über die Entwicklung und Lage der Orte aus, denn sie befinden sich direkt am Deich. Der Schutzwall, der meist entstanden ist, weil die Menschen durch ihn der Nordsee Land abgerungen haben, ist heute ein wichtiger Faktor. Durch eine Öffnung im Deich, eben den Siel, wird das Wasser, das bei der Entwässerung des Binnenlandes noch immer anfällt, durch den Deich in die Nordsee geleitet. Sie lassen zwar Wasser in die Nordsee, verhindern aber ein Eindringen des Meeres bei Sturmfluten.

Schillig bietet das typische Urlaubsfeeling. Sogar Dünen türmen sich hier auf, und es gibt einen Teil-FKK-Bereich. Im Rücken des Strandes, gleich hinter den Dünen, befindet sich ein schöner, weitflächiger Campingplatz.

St. Marien Schillig

| Kirche |

Diese Kirche hat keine Ecken, sondern besteht aus runden, organischen Formen. Wie sie sich mit ihrem dunklen Backstein, gepaart mit dunklem Glas, hinter den Deich duckt, soll sie an die Brandung und rollende Wellen erinnern. Manche im Ort aber finden, sie sehe eher aus wie eine Bahn für Skater, deshalb heißt sie auch Gottes Halfpipe. ■ Jadestraße, Mo–Sa 10–17 Uhr und am Sonntag nach dem Gottesdienst

Cafés

Maya's Café Ob Flammkuchen oder Waffeln mit heißen Kirschen – hier schmeckt es nicht nur, die Bedienung ist auch ausgesprochen freundlich. Gute Lage direkt am Hafen. ■ Lange Str. 10, Tel. 044 25/99 05 55

Kinder

19 **Nordsee Spielstadt** Wenn sich das schlechte Wetter am Himmel zusammenbraut, müssen sich Eltern nicht fürchten, denn es gibt die Spielstadt. Dort drehen sich riesige Teetassen als Karussell, dazu Achterbahn, Riesenrad, Autoscooter – es gibt kaum eine Attraktion, die Kinder missen müssen. Für Gäste bis 12 Jahren, angeschlossen ist ein Hotel. ■ Jeversche Str. 100, Hohenkirchen, Tel. 044 63/80 97 91 00, www.dorf-wangerland.de, Nov.–Feb. Sa 14–18, So 10–18, März–Juni, Sept. Mo–Fr 14–18, Sa, So 10–18, Juli, Aug., Okt. tgl. 10–18 Uhr, in den Ferien und an Feier-/Brückentagen länger, 19,50 €, Kinder 15 €

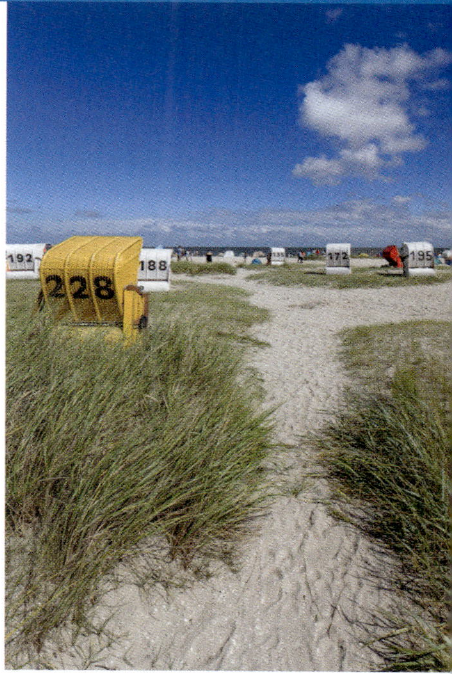

Dünen und bunte Strandkörbe prägen das Bild am Badestrand von Schillig

Erlebnisse

Buhl Activity Park Freizeitparks müssen nicht nur aus Achterbahnen bestehen, um Kindern zu gefallen. Gerade die Älteren lieben es, sich selbst sportlich zu betätigen, etwa mit Kletterpark, Kanufahren, Surfen oder Fußballgolf. Der absolute Renner aber ist der Sprungturm, von dem aus es sich aufs Trampolin ins Wangermeer springen lässt (Blobbing). ■ Grimmenser Str. 1a, Hohenkirchen, Tel. 044 63/809 84 40, www.buhl-activity-parks.de, Eintritt frei, für die Aktivitäten muss bezahlt werden, März, April Sa 12–18, So 11–16, Mai Sa, So

11–18, Juni Do, Fr 14–18, Sa, So 11–18, Juli–Anfang Sept. sowie Feiertage und Ferien tgl. 10–19, Sept. Fr 14–18, Sa 12–16, So 11–16, Okt. tgl. 11–16 Uhr

Skiterrassen Die Wasserskifahrer scheinen über das Siel zu rauschen oder tauchen gleich wieder ab, weil sie gerade ihre ersten Versuche machen. SUP-Profis gleiten und Familien fahren Tretboot. ■ An der Werft 1a, Tel. 04425/990180, www.skiterrassen.de, Mo–Sa ab 12, So ab 9 Uhr, Okt.–März nur Sa, So

Entspannung

Friesland-Therme Einen schönen Platz zum Baden, Planschen und Genießen bietet diese Therme in Horumersiel mit Sauna, Meerwasserbecken und Spaßbecken innen und außen. ■ Zum Hafen, Tel. 04426/987222, Mo, Mi 10–21, Fr bis 20, Di 14–21, Do 14–20, Sa, So 10–19 Uhr, 1 Std. 4 €, Kinder 2,50 €

Strandsauna Im gemütlichen Zirkuswagen sitzen und schwitzen und zuschauen, wie sich draußen das Watt verändert oder die Sonne untergeht. Das können Besucher in der Strandsauna. Sie befindet sich direkt am Grünstrand und ist Teil des ehemaligen FKK-Bereichs. In der Vor- und Nachsaison empfiehlt sich eine Anmeldung. ■ Hooksiel Strand, www.strandsauna-hooksiel.de, Tel. 015228/602468

29 Carolinensiel und Harlesiel

Hafenidylle im Binnenland und schöne Bummelmeilen mit netten Museen

Information

■ Nordseebad Carolinensiel-Harlesiel, Bahnhofstr. 40, 26409 Nordseebad Carolinensiel, Tel. 04464/94930, www.carolinensiel.de

Schön muss sie einst gewesen sein, die Harlebucht, die sich von Neuharlingersiel bogenförmig fast bis nach Funnix erstreckte. Doch der Landhunger war

Am Eingang zum Museumshafen von Carolinensiel grüßt die Statue »Caroline«

groß, und so wurde die Bucht ab dem 16. Jh. Schritt für Schritt eingedeicht, bis aus der einstigen Bucht eine begradigte Küstenlinie wurde. Dort, wo heute Harlesiel-Hafen liegt, erstreckte sich in den 1940er-Jahren noch Watt.

Sehenswert

Museumshafen Carolinensiel

| Museumshafen |

Hier liegen einige traditionelle Plattboden-Segler vor Anker

Ein Hafen ohne Schiffsverkehr ist der Museumshafen von Carolinensiel. Von kugelförmig gestutzten Bäumen geschützt tummeln sich dort alte historische Kähne und Schiffe und laden zu einem Fotoshooting ein. Sie erinnern an den einst bedeutungsvollen Hafen, von dem aus im 18. Jh. Frachtsegler mit Getreide, Holz, Kohle oder Käse über das weite Meer gezogen sind.

Museumsweg und Deutsches Sielhafenmuseum

| Museum |

Das Museum vereint drei Häuser: In der Alten Pastorei stehen Schiffbau und Handwerk im Mittelpunkt, Exponate und Filme erklären Berufe wie Segelmacher, Takler oder Schiffsschmied. Im schräg gegenüberliegenden Groot Hus, einem alten Kornspeicher, werden Kinder wie Erwachsene aktiv beim Knotenknüpfen und Schiffebeladen.

Wer den Museumsweg (7 km bis Harlesiel) der Häuser weiter geht, kommt zur Rettungsstation. Angeschlossen an das Museum ist auch das Nationalparkhaus. Teilweise gehören die Holzschiffe im Hafen auch zum Museum.

■ Pumphusen 3, Carolinensiel, Tel. 044 64/869 30, www.deutsches-sielhafenmuseum.de, derzeit wg. Renovierung geschl.

Deichkirche

| Kirche |

Es gibt nur zwei Kirchen auf der Welt, die auf einen Deich gebaut wurden, und eine steht in Carolinensiel. Die Deichkirche (1776) wirkt mit ihrem frei stehenden Glockenturm sowie den berankten Fassaden verwunschen, obwohl sie mitten im Ort liegt. Wer die Straße etwas weiterschlendert, findet eine Windmühle im Stil eines Galerieholländers aus dem Jahr 1773.

■ Mühlenstr. 7, Carolinensiel

Friedrichsschleuse

| Schleuse |

Zwischen Harlesiel und Carolinensiel erinnert die Friedrichsschleuse an ein Van-Gogh-Gemälde. Der Bau stammt aus dem Jahr 1765 und war aufgrund der Landgewinnung nötig geworden. Zudem war Carolinensiel nun dem Meer nicht mehr unmittelbar ausgesetzt und vor Sturmfluten geschützt.

Hafen Harlesiel

| Hafen |

Größte Attraktion des Ortes ist die Hafenmeile rund um die Sielschleuse. Dort lässt es sich gut bummeln und auf das Schöpfwerk sowie die neuen Pfahlhäuser blicken, die in der Harle errichtet worden sind. Wer mag, wandert gen Watt, dort warten nicht nur ein Meerwasserfreibad, sondern auch ein schöner Sandstrand auf Gäste.

Restaurants

€€ | **Heimathafen** Etwas erhaben über dem Museumshafen thront dieses Restaurant, das in seiner Bistroküche kleine Leckereien bietet. Modernes Ambiente. ■ Am Hafen Ost 9, Carolinensiel, Tel. 044 64/13 85, tgl. 12–22 Uhr

Der Raddampfer »Concordia« auf seinem Weg von Harlesiel nach Carolinensiel

Cafés

Tüdelpott Das urige, kleine Café ist im Inneren gespickt mit Antiquitäten und Trödel. Kuchen oder die Schoko-Birnen-Torte sind hausgemacht. Man kann dort auch Tretboote oder Minigolfschläger (3 €, Kinder 2 €) ausleihen. ■ Pumphusen 10, Carolinensiel, Tel. 04464/8349, www.tuedelpott.de, tgl. 12–18 Uhr

Einkaufen

20 **Gemischtwarenladen Janssen** Stilecht in die 1950er-Jahre entführt der Gemischtwarenladen von Günter Janssen in Carolinensiel. Er ist Kult in dem kleinen Ort und schon fast ein lebendiges Museum. Der Inhaber mischt seine Tees noch selbst und ist stets zu einem kleinen Schnack bereit. Der Laden befindet sich seit 1859 in Familienbesitz. ■ Am Hafen West 8, Carolinensiel, Tel. 04464/304

Events

Wattensail Einmal im Jahr wird es im Carolinensieler Hafen bunt und quirlig – zum Hafenfest Wattensail kommen historische Segelschiffe in den kleinen Ort. ■ Anfang Aug.

Erlebnisse

Phänomania Elektrische Entladungen an der Plasmascheibe, Drehbewegungen ins Schwerelose oder eine Kettenreaktion testen – Phänomania heißt das Museum in dem alten Bahnhof, das Besucher zum Experimentieren einlädt. ■ Bahnhof Carolinensiel 3, Carolinensiel, Tel. 04464/942494, www.phaenomania-carolinensiel.de, Mitte März–Okt. tgl. 10–18 Uhr, 9,50 €, Kinder (3–5 J.) 5,50 €, Kinder (6–17 J.) 7,50 €

Raddampfer »Concordia« Im Schritttempo von Carolinensiel nach Harlingersiel schippert auf dem Wasser der Raddampfer »Concordia« seine Passagiere über die Harle. ■ www.reederei-albrecht.de, März–Okt. ab 10 Uhr alle 1,5 Std., 4 €, Kinder (2–11 J.) 2 €

30 Neuharlingersiel

Quirliger Museumshafen mit bäuerlichem Hinterland und tollen Erlebnissen

Information

■ Kurverein Neuharlingersiel e. V., Edo-Edzards-Str. 1, 26427 Neuharlingersiel, Tel. 04974/18812, www.neuharlingersiel.de

Diesen Ort nur als Tor zur Insel Spiekeroog zu sehen würde ihm nicht gerecht werden. Es lohnt sich durchaus, länger im staatlich anerkannten Nordseeheilbad Neuharlingersiel zu verweilen, denn es gibt rund um den Hafen und das Schöpfwerk eine Menge zu entdecken. Und als krönender Abschluss lockt sogar ein Sandstrand.

Sehenswert

Sielhof

| Architektur |

Ganz verträumt, umgeben von einer Parkanlage, erhebt sich dieser alte Backsteingutshof, der mit seiner Freitreppe und dem davor liegenden Rondell eine vornehme Atmosphäre ausstrahlt. Der Sielhof gehört zu den schönsten Gebäuden der Region. Er stammt aus dem 18. Jh. und ist nicht nur von der Vorderseite schön anzusehen, sondern auch beim Spaziergang durch die umgebende Parkanlage. Im Inneren lohnt sich ein Blick in den Rokokosaal mit seinen tollen Deckenmalereien, dem gekachelten Kamin und der Bibelfliesenwand.

■ Bürgermeister-Dirksen-Platz 8

Buddelschiffmuseum

| Museum |

Wie gelangen diese Schiffe eigentlich durch die Flaschenöffnung? In das Geheimnis der Buddelschiffe weiht dieses Museum ein und zeigt mehr als 100 teils mehr, teils weniger berühmte Schiffe vom Einbaum bis hin zum Atom-U-Boot in der Flasche. Das Museum sucht eine Nachfolge und ist derzeit geschlossen. Der Kulturverein möchte das Haus gerne übernehmen.

■ Am Hafen Westseite 7, Tel. 04974/224

Alter Hafen

| Hafen |

Der Alte Hafen ist das touristische Zentrum des Ortes. Die dort vor sich hin dümpelnden Krabbenkutter mit ihren hochgezogenen Netzen sind ein beliebtes Fotomotiv.

Im Blickpunkt

Buddelschiffe

Wie ist dieses große Modell bloß durch den schmalen Flaschenhals gekommen? Wer im Buddelschiffmuseum Neuharlingersiel steht und den großen Nachbau der »Titanic« mitsamt Eisberg anschaut, fragt sich, wie man es schaffen kann, die Schiffe in die Flasche zu packen.
Die Technik ist Jahrhunderte alt und erfreute sich vor allem im 19. Jh. bei Seeleuten großer Beliebtheit. In arbeitsarmen Zeiten verbrachten sie ihre Stunden an Bord damit, Modelle zu bauen und dann mit ausgefeilter Technik in die Flasche zu bringen: Entweder werden die hohen Teile wie Masten abgeklappt, durch den Flaschenhals gezogen und in der Flasche aufgestellt oder die Teile werden in der Flasche selbst zusammengeklebt.

Restaurants

€€ | Sielhof Gediegen und schön sitzt man in dem alten Gutshof, vor allem im Wintergarten, bei Kaffee und Kuchen. Abends gibt es aber auch ostfriesische Spezialitäten wie Fisch oder Gemüsevariationen. ■ Bürgermeister-Dirksen-Platz 8, Tel. 04974/9148090, www.sielhof.com, tgl. 11–22 Uhr

In der Werdumer Mühle wird auch heute noch mit Windkraft Mehl gemahlen

Cafés

Seriemer Mühle Etwas außerhalb von Neuharlingersiel befindet sich dieser Galerieholländer aus dem 19. Jh. Das Müllerhaus beherbergt eine kleine Teestube mit einem schönen Garten direkt am Sieltief. Ein Stück Ostfriesentorte mit Ostfriesentee ist dort einfach ein Muss. ■ Edo-Edzards-Str. 1, www.seriemer-muehle.de, Mühle tgl. 10–18.30, Café Do–Sa 13.30–18, So 11–18 Uhr

Einkaufen

Vitrinchen Ausgefallene Souvenirs bietet der Juwelier am Hafen: Dort ist nicht nur die Silhouette von Neuharlingersiel in das Rund graviert, es gibt auch Silberschmuck mit Strandsand. ■ Am Hafen Ost 2, Tel. 04974/1275

In der Umgebung

Werdumer Mühle

| Mühle |

Wer eine Zeitreise machen und Mühlengeschichte erleben will, der fährt nach Werdum. Der dortige Galerieholländer aus dem Jahr 1802 ist heute ein Heimatmuseum mit lebendigen Vorführungen in alter Handwerkskunst, (April–Okt.) etwa Schmieden (Do) oder Backen im alten Holzofen (Mo–Fr).

■ Mühlenbesichtigungen Mo, Mi 15 Uhr, www.werdum.de

31 Esens und Bensersiel

Mehr als nur der Fährhafen zu den Inseln – vor allem für Familien

Information

■ Tourismusbetrieb Esens-Bensersiel e. V., Am Strand 8, 26427 Bensersiel, Tel. 04971/9170, www.bensersiel.de

Geschützt im Hinterland liegt Esens. Hier geht alles gemütlich-ostfriesisch zu. Die typische Kleinstadt mit den Läden und Cafés lohnt nicht nur an Regentagen einen Besuch. Bensersiel ist das touristische Gegenstück.

Sehenswert

Rathaus Esens

| Rathaus |

An die einstige Pracht des barocken Baus (17. Jh.), der auch als Palais von Heespen bekannt ist, erinnert heute nur noch der Ahnensaal mit seinen Gobelins, Gemälden und dem Kamin. Auch die Balustradentreppe ist sehenswert.

■ Am Markt 2–4

St. Magnus-Kirche mit Turmmuseum

| Kirche |

Die im Jahr 1848 eingeweihte dreischiffige Kirche ist die größte Ostfrieslands. Der Sandsteinsarkophag des ostfriesischen Häuptlings Sibo Attena ist einer ihrer größten Kunstschätze und erinnert bis heute an den 1473 gestorbenen Ostfriesen. Ein besonderes Erlebnis ist das Turmmuseum, das Blicke in das riesige Uhrwerk ermöglicht, einen alten Leichenkutschenwagen zeigt und am Schluss die Tour mit einem herrlichen Panoramablick belohnt.

■ Kirchplatz 5–7, Esens, Tel. 049 71/ 91 97 12, www.turmmuseum-esens.de, Ostern–Okt. Di, Do 15–17, So 11–12 Uhr, Eintritt gegen Spende

Jüdisches Museum

| Museum |

An die Geschichte der Juden in Ostfriesland erinnert dieses Museum, das sich direkt neben der einstigen Synagoge befindet, die im Zweiten Weltkrieg zerstört worden war. Die wechselnden Ausstellungen bringen den Besuchern die jüdische Kultur in früherer Zeit und Gegenwart nahe.

■ Burgstr. 8, Esens, Tel. 049 71/52 32, www.august-gottschalk-haus.de, Mitte März–Okt. Di, Do, So 15–18 Uhr, 2 €, Kinder (ab 14 J.) 1 €

Skulpturenpfad

| Skulpturen |

Ob ein riesiges Windspiel oder figürliche Darstellungen – in Esens beschäftigen sich Skulpturen mit der Geschichte der Stadt und regen zum Nachdenken an. Der Kunstpfad beginnt am Brunnen auf dem Ewald-Neemann-Platz und führt an sieben Werken entlang bis zum Theodor-Thomas-Park.

Strand von Bensersiel

| Strand |

Dass der Sandstrand nur aufgeschüttet ist stört hier niemanden. Vor allem die Kinder nicht, die dort nah am Wasser ihre Spielplätze finden.

■ Strandeintritt ohne Kurkarte 2,80 €, Kinder (6–17 J.) 1,10 €

Parken

Die **Parkplätze** in Bensersiel sind begehrt, denn auch die Urlauber, die ihren Wagen stehen lassen und weiter nach Langeoog fahren, brauchen einen Stellplatz. Auf den ausgewiesenen Parkplätzen der Stadt kostet die Stunde 1,50 €, etwa vor dem Strandportal.

Kinos

Vor dem Freibad (s. unten) auf der Bühne gibt es in den Sommermonaten ein **Open-Air-Kino** mit aktuellen Filmen.

Kinder

Im **Spielpark Klabautermann** sorgen Trampolin, Minigolf, Kart, Bällebäder und Riesenrutschen für einen kurzweiligen Tag, wenn das Wetter einmal einen Strich durch die Planungen macht.

■ Sattlerstraße, Esens, Tel. 049 71/927571, www.klabautermann-spielpark.de

Entspannung

Die **Nordseetherme** mit ihrem Meerwasserbad, dem riesigen Saunabereich, den Entspannungsbecken und den großen Rutschen bietet für jeden Geschmack das Richtige. ■ Am Strand 8, Bensersiel, www.bensersiel.de, Mo, Mi, Sa, So 10–18.30, Di, Do 13–18.30, Fr 10–21.30 Uhr, 2 Std. 8 €, Kinder (3–15 J.) 4 €

Übernachten

Die Region zwischen Wilhelmshaven und Bensersiel bietet viele Übernachtungsmöglichkeiten – von der einfachen Pension bis zum Luxushotel reicht das Spektrum, auch Hotelketten lassen sich hier finden. Doch es geht auch immer individuell, vor allem in Wilhelmshaven, wo ein Leuchtturm oder ein Hausboot zu Ferienwohnungen umgebaut worden sind. In Dangast kann man im Strandkorb nächtigen, und in vielen anderen Orten bieten liebevoll sanierte Häuser ein Wohlfühlgefühl. Wie immer gilt, dass die Nähe zum Meer und zu den Touristenzentren sich auch im Preis niederschlägt. Wer es günstiger haben will, aber Wege nicht scheut, sollte sich vielleicht außerhalb der Urlauberzentren umschauen.

Wilhelmshaven 90

€ | Beans Parc Hotel Dieses familiär geführte Haus bietet ein gutes Preis-Leistungs-Verhältnis: Die Zimmer sind modernisiert, es finden sich genügend Parkplätze vor der Tür, und das Frühstück morgens ist liebevoll und reichhaltig. ■ Marktstr. 159, 26382 Wilhelmshaven, Tel. 044 21/77 33 70, www.beans-parc.com

€€€ | Hausboot Ungewöhnlich schlafen geht in Wilhelmshaven auch auf dem Wasser: 44 m^2 ist das Hausboot groß, komplett eingerichtet mit Wohnzimmer, Bad und Dusche. Besonders schön ist die große Terrasse in den Sommermonaten, im Winter sorgen bodentiefe Fenster für genügend Licht. Das Hausboot ist nicht für Fahrten konzipiert, sondern nur als Ferienwohnung. ■ Neuengrodendeich 10 b, 26386 Wilhelmshaven, Tel. 044 21/820 95, www.ibk-hausboote.de

€€€ | Signalturm Über eine lange Außentreppe geht es auf etwa 30 m Höhe: Der ehemalige Signalturm von Wilhelmshaven ist zur Ferienwohnung umgebaut worden und zählt derzeit zu den ungewöhnlichsten Unterkünften in der Stadt. Der Blick auf den Hafen ist einzigartig schön, die Wohnung ist mit einer Küche ausgestattet, Sanitärmöglichkeiten befinden sich am Fuß des Gebäudes. ■ Schleusenstr. 93, 26382 Wilhelmshaven, Tel. 044 21/180 70, www.spar-und-bau.de

Dangast 95

€ | Altes Posthaus Efeuumrankt zeigt sich das Alte Posthaus. Es liegt zentral und nah am Kurhaus und beeindruckt durch seine Idyllische Lage am Wald und mit seinem verwunschenen Garten. Die Zimmer sind modernisiert und sauber, hier stimmt das Preis-Leistungs-Verhältnis. Es sind auch Apartments im Angebot. ■ An der Rennweide 38, 26316 Varel, Tel. 044 51/833 53, www.altes-posthaus.de

€ | Strandschlafkorb An vielen Plätzen an der Nordsee kann man im Strandschlafkorb übernachten. Die Spezialanfertigung des Strandkorbes bietet eine Liegefläche für zwei Personen, die mit einer festen Plane abgedeckt wird und so eine zeltähnliche Behausung bietet. Der Charme, direkt am Strand unter den Sternen zu schlafen, ist groß – eine schöne Möglichkeit für Abenteurer, die sich etwa in Dangast realisieren lässt. ■ Buchbar über die Touristeninfo

21 **€€ | Nordseekarren** Wer außergewöhnlich an der Nordsee übernachten will, schläft im Zirkuswagen. Dieser steht in erster Reihe mit Blick auf die Nordsee oder das Watt und bietet sogar eine kleine Küchenzeile für Selbstversorger. Diese Unterkunft ist in Dangast auf dem Strandcampingplatz zu finden, in Schillig ebenso am Campingplatz direkt am Meer. Besonders schön: die Klönschnacktür, die sich halb öffnen lässt. ■ Auf der Gast 40, Dangast, 26316 Varel, Tel. 04451/911422; Schilliger Düne 1, Schillig, 26434 Wangerland, Tel. 04426/987170, www.campingplatz-schillig.de

Jever 98

€€ | Stadthotel Kleines, modernes Hotel, familiengeführt und mit Charme – das Stadthotel ist in Jever eine gute Anlaufstelle, um ein paar Tage in der Brauereihochburg zu verbringen. ■ Schlachte 3, 26441 Jever, Tel. 04461/9177923, www.stadthotel-jever.de

Wangerland 101

€€ | Arche Noah Ein kleines, familiär geführtes Haus mit Meerblick. Das Haus liegt am Rand von Horumersiel, jeder Raum ist anders eingerichtet, manche Zimmer haben sogar eine kleine Küchenzeile. ■ Strandweg 15–19, 26434 Wangerland, Tel. 04426/354, www.hotel-arche-noah.de

€€ | Nakuk Zwischen Horumersiel und Schillig befindet sich dieses Haus, das sowohl Zimmer als auch Ferienwohnungen anbietet. Der ehemalige Hof wurde zu einem Wellnesshotel umgestaltet, Massagen und Erholung stehen ganz weit oben auf dem Programm. Wer will, kann sich auch im Basenfasten versuchen. ■ Wiardergroden 22, 26434 Wangerland, Tel. 04426/90440, www.nakuk.de

Besonders originelle Unterkunft: die Nordseekarren am Strand von Dangast

Carolinensiel und Harlesiel 104

€ | Hotel Hinrichs Modern eingerichtetes Haus, familiär geführt. Es liegt in der Nähe der Harle, etwas vom Strand entfernt. Neben Zimmern sind auch Apartments im Angebot, angeschlossen ist ein hübscher Biergarten. ■ Mühlenstr. 15, 26409 Wittmund, Tel. 04464/599000, www.hotel-hinrichs.de

Von Bremerhaven bis Cuxhaven

Vom Jadebusen bis zur Elbe zieht sich einsame Landschaft. Mittendrin Bremerhaven – die aufregendste und größte Stadt der Nordseeküste

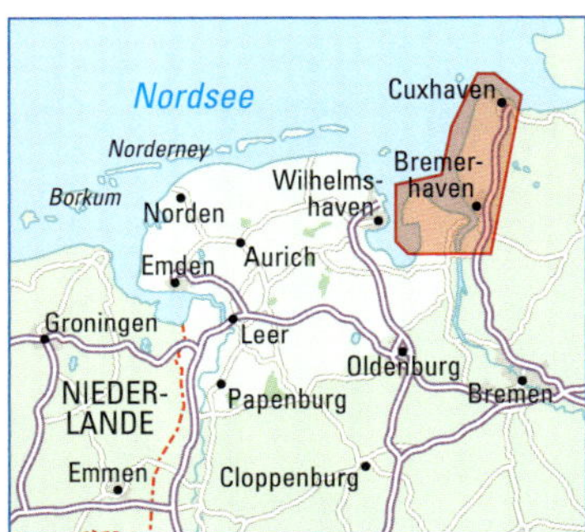

Wer urbanes Leben sucht, ist in dieser Region richtig. Vor allem, wenn er mit der Familie reist, denn Bremerhaven hat ein so großes Erlebnisangebot, dass ein Wochenende bestimmt nicht ausreicht, um alles zu entdecken. Die größte Stadt der deutschen Nordseeküste lockt mit außergewöhnlichen Museen und moderner Architektur, zwischen den Häusern aber finden sich immer wieder Hafenbecken, in denen Museumsschiffe ankern oder gerade große Frachter beladen werden.

Während in Bremerhaven das Leben schnell und quirlig verläuft, zeigt sich der Rest der Küste eher ruhig, fast so, als sei es noch ein Geheimtipp, hierher zu reisen. Vor allem in Butjadingen und dem Umland von Cuxhaven breitet sich eine große Gelassenheit aus. In Cuxhaven selbst dominiert zumindest in der Sommerzeit klar der Urlauber: Ob am Strand oder der Kugelbake, es gibt so vieles, was entdeckt werden möchte. Vor allem malerische Leuchttürme und Seezeichen liegen auf dem Weg, der sich wunderbar mit einem Fischbrötchen in der Hand beschreiten lässt.

In diesem Kapitel:

ADAC Top Tipps:

Bremerhaven
| Großstadt |
Die größte Stadt an der Nordsee mit ihren verschiedenen Häfen und den innovativen Museen zählt zu den urbanen Höhepunkten der Küste. 115

ADAC Empfehlungen:

Lama-Ranch Narvanas, Butjadingen
| Erlebnispark |
Bei den Hofführungen lernen Besucher neben Lamas u. a. auch Alpakas, Pfaue, Esel und Kängurus kennen. 115

Klimahaus Bremerhaven
| Museum |
Hier gehen Wetter und Klima unter die Haut, denn die diversen Bereiche

des Museums mit Mitmach-Faktor sind unterschiedlich temperiert. 116

Deutsches Auswanderer-haus, Bremerhaven

| Museum |

Welche Motive hatten die Menschen, die in den letzten 200 Jahren das Land verlassen haben? Das Museum gibt spannende Einblicke. 117

Kugelbake, Cuxhaven

| Seezeichen |

Die letzte Spitze Niedersachsens mit dem Sandstrand ist ein Erlebnis, das nicht nur bei einem Sommerspaziergang äußerst reizvoll ist. 121

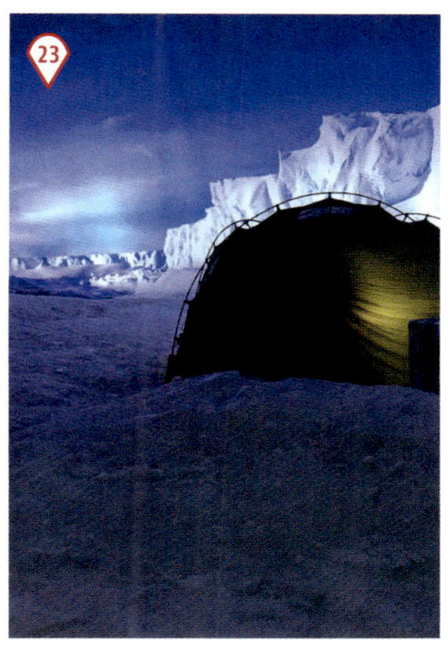

Reetdachhäuser, Ferienwohnungen und Geschäfte säumen Butjadingens Strandallee

32 Butjadingen

Eine Halbinsel weitab vom Schuss – und das ist genau richtig so

Information

■ Tourismus-Service Butjadingen, Strandallee 61, 26969 Butjadingen, Tel. 04733/929340, www.butjadingen.de

Weit und dünn besiedelt zeigt sich die Halbinsel Butjadingen. Wer hier zu Gast ist, muss die Attraktionen suchen – oder findet sie per Zufall, wie etwa die Kunstpromenade am Strand in Burhave. In den kleinen Weilern aber versteckt sich so manche Attraktion – und sogar ein kleiner Hexenhof. Naturfans sind hier genau richtig und können etwa am Langwarder Groden über einen 4 km langen Rundweg über Holzstege in die Salzwiesen gehen.

Sehenswert

Fedderwardersiel

| Hafen |

Der bunte Krabbenkutterhafen ist ein beliebtes Ziel von Gästen, die entweder den bunten Kuttern zuschauen oder aber gleich eine Tüte frische Krabben kaufen. Wer in der Gegend ist, sollte auch ins Nationalparkhaus gehen, es informiert über Tiere und Pflanzen des Wattenmeers, u.a. mit großen Aquarien.

Preußeneck

| Leuchtturm |

In Eckwarderhörne wartet der höchste Punkt Butjadingens darauf, erkundet zu werden: Es ist der knapp 45 m hohe Leuchtturm, der als roter Stahlkoloss schon von Weitem zu sehen ist.

■ Zum Leuchtfeuer, Butjadingen-Eckwarderhörne, Besichtigung auf Anfrage, www.oberfeuer-preusseneck.de

Nordseelagune und Wattensteg

| Strand |

Wenn das Meer die Hälfte der Zeit weg ist, muss man sich zu helfen wissen: In Burhave hat man eine künstliche Lagune gebaut, die tideunabhängig für Badespaß sorgt. Es gibt auch viele Sportangebote (Tageskarte 5 €, Kinder bis 3 J. frei). Gleich nebenan führt ein 200 m langer Holzsteg direkt ins Wattenmeer.

Kinder

Spielscheune Ein Piratenschiff in einer Sandkiste, ein Kletterberg mit Rutsche und jede Menge Strandkörbe für die Eltern – die Spielscheune sorgt auch bei schlechtem Wetter für gute Laune. ■ Strandallee 57 a, Tel. 04733/929371, Mo–Fr 14–19, Sa, So 10–19 Uhr, Tageskarte 5 €

Erlebnisse

Lama-Ranch Narvanas Ostfriesland hat nur Schafe und Kühe zu bieten? Weit gefehlt! Neben vielen Pferdehöfen haben längst auch Lamas den Norden erobert. Die flauschigen Trampeltiere sind die neuen Stars in Butjadingen, jedenfalls auf dieser Ranch, auf der rund 25 Lamas und Alpakas leben. Manche gescheckt, manche schwarz, alle einfach nur zum Kuscheln schön. Jeden Samstag werden auf der Ranch Führungen organisiert, bei denen die Besitzerin nicht nur alles über die Tiere erklärt, sondern Besucher auch Nasenstupser mit den Tieren austauschen können. ■ Langwarderstr. 130, 26969 Butjadingen, Tel. 0163/4183225, www.lama-ranch-narvanas.jimdofree.com

ADAC Spartipp

In den **Milchtankstellen** können Besucher selbst frische Milch zapfen, dort vermarktet der Bauer seine Produkte direkt. In den Melkhus in Butjadingen locken Eis und Joghurt aus dem Kühlschrank, das Geld wird einfach in die nebenstehende Kasse gelegt, zu finden etwa beim Melkhus Plümer (Feldhauser Str. 2, Langwarden), Melkhus Seeverns (Seeverns 26, Butjadingen) oder Melkhus Thaden (Burhaverstr. 11, Waddens). Eine Karte mit einer Übersicht der Zapfstellen findet sich auf www.milchtankstellen.com.

33 Bremerhaven

Architektonische Leckerbissen, Hafenflair und spannende Museen

Information

■ Erlebnis Bremerhaven, Hermann-Heinrich-Meier-Str. 6, 27568 Bremerhaven, Tel. 0471/414141, www.bremerhaven.de

Die größte Stadt der deutschen Nordseeküste (113000 Einw.) punktet mit Superlativen. Vor allem bei den Museen hat sie mehr zu bieten, als man an einem Wochenende schaffen kann. Auswanderer- oder Klimahaus, sogar das Historische Museum sind so spannend inszeniert, dass sich weder Kinder noch Erwachsene langweilen. Doch das ist nicht das Einzige, was die Geburtsstadt von Lale Andersen zu bieten hat, die offiziell zum Land Bremen gehört: Das moderne Kreuzfahrtterminal ist ebenso sehenswert wie der Fischereihafen oder die Museumsschiffe. Geht es sonst eher gemächlich und traditionell an der Nordseeküste zu, setzt Bremerhaven einen fast futuristischen Gegenpol mit der modernen Architektur seiner Museen und Prachtbauten. Übrigens: Dass hier Haven mit V geschrieben wird, wie auch bei Wilhelms- und Cuxhaven, liegt am Niederdeutschen, dessen Orthografie sich eben in manchen Punkten vom gängigen Hochdeutsch unterscheidet.

Sehenswert

Zoo am Meer

| Tierpark |

Eisbären oder Basstölpel bei ihren Schwimmrunden beobachten, Polarfüchse oder Seehunde anschauen, das können die Besucher des Zoos. Die Einrichtung hat sich vor allem auf Tiere des Nordens spezialisiert, aber dennoch müssen Besucher auf Affen nicht verzichten. Faszinierend sind die Becken mit der Nordseefauna.

■ Hermann-Heinrich-Meier-Str. 7, Tel. 04 71/308 41 41, www.zoo-am-meer-bremerhaven.de, April–Sept. 9–19, März, Okt. bis 18, Nov.–Feb. bis 16.30 Uhr, 9,50 €, Kinder (4–14 J.) 7 €

Klimahaus Bremerhaven

| Museum |

Ein einzigartiges Museumskonzept, das alle Sinne anspricht

Wie verändert sich unser Klima? Wie kalt war es während der Eiszeit? Das Klimahaus bietet einzigartige Erlebnisse, um in das Themengebiet Klima hautnah einzutauchen. Dabei geht es in verschiedene Länder entlang des achten Längengrades. Filme, Exponate und aufgebaute Landschaften lassen den Besucher eintauchen in die Welt der Tuareg, der Antarktis, schaffen Inselerlebnisse auf Samoa und Langeneß. Neben dem Entdecken neuer Welten hat der Besucher auch die Möglichkeit, mehr darüber zu erfahren, wie er selbst das Klima schützen kann.

■ Am Längengrad 8, Tel. 04 71/902 03 00, www.klimahaus-bremerhaven.de, April–Aug. Mo–Fr 9–19, Sa, So 10–19, Sept.–März tgl. 10–18 Uhr, 20 €, Nachmittagsticket 18 €, Kinder (4–13 J.) 15 €

Sail City

| Aussichtsplattform |

Wolkenkratzer an der Nordseeküste? Das würde man nicht unbedingt erwarten. Doch das wohl höchste Haus an der deutschen Nordsee findet sich in Bremerhaven. Das Gebäude ist 140 m hoch, und auf der 20. und 21. Etage lockt eine Panoramaplattform mit weitem Blick über die Havenwelten.

■ Am Strom 1, April–Sept. tgl. 9–21, Okt.–März 10–17 Uhr, 4 €, Kinder (2–12 J.) 3 €

Deutsches Schifffahrtsmuseum

| Museum |

Sie zählt zu den Höhepunkten dieses Museums: Die alte Hansekogge (1380)

ADAC Spartipp

Geschichte zum Anfassen auf spannende Weise bietet das **Historische Museum Bremerhaven**. Wo kann man schon eine Hafenkneipe besichtigen oder ein altes Filmtheater? Wo sieht man Kältemaschinen für Eis und eine alte Werft? Das Historische Museum hat all diese Schätze zusammengetragen. Der Besuch des Hauses ist ein echtes Erlebnis. Und das Beste daran: Der Eintritt in diese Einrichtung ist frei.
An der Geeste, Tel. 04 71/30 81 60, www.historisches-museum-bremerhaven.de, Di–So 10–17 Uhr

würde sicher viel über die Zeit des Handels erzählen, wenn sie könnte. Als Teil des Schifffahrtsmuseums liegt sie im Museumshafen. Auch im Haus gibt es viel zu sehen, von Schiffsmodellen bis zu historischen Barken.

■ Institut der Leibniz-Gemeinschaft, Hans-Scharoun-Platz 1, Tel. 0471/482070, www.dsm.museum, Mitte März–Mitte Nov. tgl. 10–18, Mitte Nov.–Mitte März nur Di–So, 6 €, erm. 3 €

Museumshafen

| Historischer Hafen |

Was anderen Städten ihr Freilichtmuseum, ist hier der Museumshafen. Der älteste Hafen der Stadt ist zugleich das maritime Schmuckstück mit seiner Vielzahl an Museumsschiffen. Aber auch das U-Boot »Wilhelm Bauer« von 1943 zählt zu den Publikumslieblingen, ebenso der große Eisbrecher.

■ Vor dem Schifffahrtsmuseum, Mitte März–Mitte Nov. tgl. 10–18 Uhr, Eintritt wird am jeweiligen Schiff bezahlt

Deutsches Auswandererhaus

| Museum |

7 Mio. Emigranten: Hinter jeder Zahl stecken menschliche Schicksale

An die Geschichte der Auswanderer, die einstmals von Bremerhaven in die Neue Welt aufbrachen und sich dort ein besseres Schicksal erhofften, erinnert das Auswandererhaus. Immerhin mehr als 7 Mio. Menschen stachen von hier zwischen 1830 und 1975 in See, um in die USA zu gelangen. Das Museum verdeutlicht diese Historie, indem es eindrucksvoll Einzelschicksale erzählt.

■ Columbusstr. 65, Tel. 0471/902200, www.dah-bremerhaven.de, März–Okt. tgl. 10–18, Nov.–Feb. tgl. 10–17, Do bis 21 Uhr, 18,50 €, Kinder (5–16 J.) 9 €, Familien 45 €, Fotogebühr 1,50 €

Im Klimahaus kann man eine Reise durch die Klimazonen unternehmen

Kunstmuseum

| Museum |

Moderne Kunst ist auf drei Etagen im Kunstmuseum der Stadt zu finden. Die Palette reicht von Stephan Balkenhol bis Gerhard Richter.

■ Karlsburg 1, Tel. 0471/46838, www.kunstverein-bremerhaven.de, Di–Fr 11–18, Sa, So bis 17 Uhr, 6 €, erm. 4 €

Kunsthalle

| Ausstellungsort |

Wechselausstellungen mit vorwiegend jungen Künstlern zeigt die Kunsthalle, die Schauen haben schon so manchen Künstler berühmt gemacht, darunter Elvira Bach oder Tatjana Doll.

■ Karlsburg 4, Tel. 0471/9586106, www.kunstverein-bremerhaven.de, Di–Fr 11–18, Sa, So bis 17 Uhr, 4 €, erm. 2 €, Di freier Eintritt

Fischereihafen

| Hafen |

Während sich der Museumshafen nostalgisch präsentiert, zeigt sich der Fischereihafen ganz modern: Glasfassadenarchitektur wechselt sich ab mit Industriecharme, und in der ehemaligen Packhalle finden sich Restaurants und sogar ein Seefischkochstudio mit Kochkursen und Livevorführungen. Der Steg bietet sich zum Flanieren an, und auf dem Wasser liegen Museumsschiffe vor Anker. Besonders schön sind die Hafenrundfahrten – buchbar bei der Touristeninfo. Eine technische Meisterleistung zeigt sich an der Doppelschleuse am Ende des Hafens.

Fischereiwelten

| Museum |

Die verborgenen Welten der Tiefsee macht dieses Museum sichtbar: In Aquarien werden Fische gezeigt, die teilweise von einer ganz anderen Welt zu stammen scheinen. Außerdem entführen die Exponate Besucher in das Nordmeer und klären über die Fischereigeschichte und den Fischfang auf.

■ Fischereihafen-Betriebsgesellschaft, Am Schaufenster 6, www.fischbahnhof360.de, tgl. 13–17 Uhr, 3 €, Kinder 2 €

Phänomenta

| Mitmach-Ausstellung |

Ein Chemielabor zum Mitmachen, lustige Spiegelungen oder die Kräfte der Physik erforschen – an mehr als 80 Stationen können kleine und große Gäste Phänomene der Naturwissenschaften auf den Prüfstand stellen oder selbst Experimente wagen.

■ Hoebelstr. 24, Tel. 0471/413081, www.phaenomenta-bremerhaven.de, tgl. 10–18 Uhr, 7 €, Kinder 3,50 €

Museum der 50er Jahre

| Museum |

In einer ehemaligen Militärkirche befindet sich ein Museum, das die Nachkriegszeit auferstehen lässt. Hier werden die 1950er-Jahre wieder lebendig, denn dort findet sich ein Tante-Emma-

Der Leuchtturm Brinkamahof am Fischereihafen beherbergt heute eine winzige Kneipe

ADAC Mobil

Der **Hafenbus** verbindet das Containerterminal mit dem Fischereihafen und den Havenwelten in Form einer klassischen Stadtrundfahrt. Die zweistündige Tour kostet 14 für Erwachsene und 11,50 € für Kinder, buchbar bei der Touristeninfo.

Laden ebenso wie ein Hutgeschäft oder eine typische Gaststätte.
■ Amerikaring 9, Tel. 04 71/83305, www.museum-der-50er-jahre.de, April–Okt. So 11–17 Uhr, 5 €, Kinder bis 10 J. frei

Freilichtmuseum Speckenbüttel
| Freilichtmuseum |
Ein historisches Dorf aus Fachwerkhäusern und Kopfsteinpflasterwegen verbreitet im Stadtpark Speckenbüttel ländlichen Charme. Etwas außerhalb des Zentrums befindet sich dieses hübsche Freilichtmuseum mit Bauernhäusern, deren Geschichte teilweise bis in das 17. Jh. zurückreicht.
■ Parkstr. 9, Tel. 04 71/81113, www.bauernhausmuseum-bremerhaven.de, April–Sept. Di–So 14–18 Uhr, 2 €, Kinder (6–16 J.) 1 €, zum Museum gehört das Marschenhaus, das etwas weiter parkeinwärts liegt

Verkehrsmittel

Hafenrundfahrten Ob im Glasdachboot durch die Überseehäfen oder klassisch mit der Barkasse durch den Fischereihafen – eine Hafenrundfahrt ist immer ein einmaliges Erlebnis. ■ Buchbar bei der Touristeninfo

Museumsbahn nach Bad Bederkesa Schnaufend bringt die alte Diesellok ihre Fahrgäste nach Bad Bederkesa. Die Fahrt dauert ungefähr eine Stunde und ist nicht nur etwas für Bahn-Nostalgiker, die das Flair der 1950er-Jahre mögen. ■ www.museumsbahn-bremerhaven-bederkesa.de

Ausflug nach Helgoland Von Bremerhaven sind Touren nach Helgoland möglich, entweder mit dem Schiff in dreistündiger Fahrt (in der Saison von Mai–Sept., tgl. 8.30 Uhr, buchbar bei der Touristeninfo). Deutlich schneller geht es mit dem Flugzeug vom Flugplatz Nordholz mit der Linie OFD (ca. 129 € pro Flug, www.fliegofd.de).

Parken

Es gibt überall **Parkhäuser** bei den touristischen Zielen, die angefangene Stunde kostet 1,50 €.

Restaurants

€€€ | **Pier 6** Gehoben und lecker speisen lässt es sich im Pier 6. Das Restaurant versprüht eine stylish-moderne Stimmung und wartet mit wunderbar kreierten Speisen auf. Ob Räucherfischteller, Wildkräutersalat oder Quarkknödel – das Essen hat Niveau. ■ Barkhausenstr. 6, Tel. 0471/48 36 40 80, www.pier6.de, Mo–Sa 11.30–14, 18–21 Uhr

Cafés

Gretes Café Beim Bio-Kaffee direkt am Kai sitzen und auf das Wasser blicken – Gretes Café bietet einen perfekten Platz für einen schönen Zwischenstopp in Bremerhaven. In der alten Feinmechanikwerkstatt werden nicht nur Mandelhörnchen und Croissants gegen den Hunger ausgegeben, sondern auch Burger, sogar vegetarisch. ■ Fischkai 57, Tel. 0471/62113, www.gretes-cafe-am-kai.business.site, Di–So 12.30–19 Uhr

Bühne

Theater im Fischereihafen Aus einer alten Fischversandhalle ist ein Theater geworden, das Spektrum reicht von klassischen Konzerten und Theaterstücken bis hin zu Comedy. ■ Am Schaufenster 6, Tel. 0471/932330, www.tif-bremerhaven.de

Stadttheater Wer klassisches Theater mag, ist hier richtig. Das Haus besitzt eigene Ensembles, deren Programm Klassiker wie Komödien einschließt. ■ Theodor-Heuss-Platz 1, Tel. 0471/49001, www.stadttheaterbremerhaven.de

Erlebnisse

Fischkai 57 Die alte Industriehalle hat sich in ein Kreativzentrum verwandelt: Ateliers und Werkstätten laden zum Stöbern, die Künstler bieten regelmäßige Ausstellungen. ■ Fischkai 57, Tel. 0471/9586667, www.fischkai57.de

In der Umgebung

Bad Bederkesa

| Luftkurort |

Mit seinem Moorsee und dem hübschen Wasserschloss bietet der Ort ein perfektes Ausflugsziel. Er lässt sich sogar mit der Museumsbahn erreichen.

34 Wremen und Dorum

Leben im Fischerdorf jenseits des Trubels – hier ticken die Uhren anders

Information

■ Gästezentrum Wremen, Rolf-Dircksen-Weg 33, 27638 Wremen, Tel. 04705/210, www.nordseebad-wremen.de

Der gut 30 km lange Landstrich zwischen Bremerhaven und Cuxhaven ist als Wurster Nordseeküste bekannt. Das kleine Fischerdorf Wremen erinnert an eine längst vergangene Zeit. Hier scheinen die Uhren langsamer zu ticken, und viele Traditionen haben sich bis heute bewahrt, etwa die Krabbenfischerei. Das Dorf bildet einen hübschen Kern, ebenso wie das benachbarte Dorum. Touristischer Höhepunkt sind die Leuchttürme.

Sehenswert

Kutterhafen und Leuchtturm Kleiner Preuße

| Hafen |

Die Krabbenkutter im Hafen von Wremen sind einen Blick wert, ebenso lohnt der Spaziergang zum niedrigen Leuchtturm »Kleiner Preuße«, dessen Replik aus dem Jahr 2005 an die Schifffahrt im beginnenden 20. Jh. erinnert.

Museum für Wattenfischerei

| Museum |

Wie arbeitet eigentlich eine Krabbenpulmaschine? Dem können Besucher dieses Museums in Wremen ebenso nachgehen wie dem harten Leben der Wattfischer in früherer Zeit und heute. ■ Wremer Str. 118, Tel. 04705/810606, www.museum-wremen.de, Di–So 14–17 Uhr

Leuchtturm Obereversand

| Leuchtturm |

Am Ende einer langen Seebrücke, die ins Watt hineinragt, steht dieser Leuchtturm und stellt die perfekte Kulisse für den Sonnenuntergang dar: Der Turm selbst stammt aus dem Jahr 1886 und ist im Jahr 2003 von der Wesermündung nach Dorum umgezogen.

35 Cuxhaven

Zwischen Elbe und Nordsee liegt der perfekte Ferienort für Familien

Information

■ Nordseeheilbad Cuxhaven GmbH, Cuxhavener Str. 92, 27476 Cuxhaven, Tel. 04721/4040, www.tourismus.cuxhaven.de

An der Elbemündung markiert Cuxhaven den äußersten Zipfel Niedersachsens mit der berühmten Kugelbake, einem 28,5 m hohen Seezeichen. Jenseits des Holzbauwerks lässt sich in der Stadt noch eine Menge entdecken, nicht zuletzt wegen des Sandstrandes ist sie ein beliebtes Ziel für Feriengäste. Dass das nicht immer so war, sondern Cuxhaven vielmehr auch ein bedeutender Standort der Fischindustrie war und ist, lässt sich bis heute gut nachempfinden. Zum Pflichtprogramm gehört ein Besuch auf der Aussichtsplattform Alte Liebe, deren Fundament übrigens im 18. Jh. versenkte Schiffe bilden. Doch die Stadt präsentiert heute auch prächtige Museumsexemplare wie Gaffelschoner und Feuerschiffe.

Sehenswert

Kugelbake

| Seezeichen |

Das Wahrzeichen Cuxhavens mit weitem Blick über die Elbe

Dort, wo die Elbe in die Nordsee fließt und heller Sand sich zum Strand türmt, steht am Ende der Landzunge die Kugelbake, ein Seezeichen, das die Elbmündung markiert. Der Spaziergang über die schmale Landzunge gehört zum Pflichtprogramm in Cuxhaven.

Windstärke 10, Wrack- und Fischereimuseum

| Museum |

In den alten Fischpackhallen ist ein neuer Museumskomplex entstanden. Besucher tauchen dort ein in die harte Welt auf See, begeben sich virtuell mit

Am alten Hafen von Cuxhaven laden Terrassencafés zur Einkehr ein

Hamburger Leuchtturm und Radarturm prägen die Aussichtsplattform Alte Liebe

auf Islandfahrt oder lauschen verschlüsselten Funkmeldungen. Angeschlossen ist ein eigenes Wrackmuseum.

■ Ohlroggestr. 1, Tel. 047 21/70 07 08 50, www.windstaerke10.net, April–Okt. tgl. 10–18, Nov.–März Mi–So 10–17 Uhr, 9,50 €, Kinder 1,50 €

Hapag-Hallen

| Architektur |

Mit dem Kuppelsaal und dem Turm sind sie schon von außen ein beeindruckendes Bauwerk: Wo sich einst Auswanderer einschifften, gehen heute Kreuzfahrttouristen an Bord. Im Inneren erinnert die Ausstellung »Abschied nach Amerika« an die Auswanderer. Der Besuch lohnt sich für Architekturinteressierte auch zu Veranstaltungen.

■ Albert-Ballin-Platz 1

Fort Kugelbake

| Festung |

Direkt hinter der Kugelbake befindet sich eine preußische Befestigungsanlage aus dem Jahr 1869. Sie diente einst zur Verteidigung der Elbe als Schifffahrtsweg. In ihre Bauweise und das Kriegswerkzeug, wie etwa eine Heeresflak, geben Führungen näheren Einblick. Im Sommer verwandelt sich der Innenhof in eine Freilichttheaterbühne mit Stücken rund um Klaus Störtebeker.

■ Strandstr. 80

Joachim-Ringelnatz-Museum

| Museum |

Er war doch eigentlich ein Dichter, oder? Dass Joachim Ringelnatz (1883–1934) auch als Maler künstlerisch aktiv war, ist weniger bekannt. Deswegen hat sich das Museum auf diese Seite des Künstlers spezialisiert und verweist auf die Schaffensfreude von Ringelnatz, der als Soldat bei der Kaiserlichen Marine in Cuxhaven stationiert war.

■ Südersteinstr. 44, Tel. 047 21/39 44 11 www.ringelnatz-museum.de, Di–So 10–13, 14–17 Uhr, 5 €, Schüler 2,50 €

Hamburger Leuchtturm

| Leuchtturm |

Das Backsteingebäude aus dem Jahr 1802 erinnert daran, dass Cuxhaven

einst zu Hamburg gehörte: Im Sandsteinportal findet sich noch immer das Wappen der Hansestadt.
■ Bei der Alten Liebe 7

St. Nicolai
| Kirche |
Diese Kirche ist etwas Besonderes, denn sie verfügt sogar über ein eigenes kleines Gefängnis. Die Geschichte des Gotteshauses reicht bis ins 13. Jh. zurück. Im Inneren ist sie prächtig mit einem Altar und geschnitzten Bänken ausgestattet. Ihre Orgel aus dem Jahr 1497/1498 gehört zu den ältesten in Deutschland und zu den wichtigsten Kirchenschätzen der Region.
■ Bei den Türmen 1

ADAC Spartipp

Bei einer Pinguin-Fütterung zuzuschauen und das ganz ohne etwas zu bezahlen, das macht der kleine **Zoo im Kurpark Döse** bei freiem Eintritt seinen Besuchern möglich. Die Fütterung findet jeden Tag um 15 Uhr statt. Zu sehen sind rund 200 Tiere, darunter Pelikane, Uhus und Kaninchen (Strandstr. 80).

Parken

Parken gestaltet sich vor allem in der Hauptsaison schwierig und kostet im Parkhaus 2,50 € für zwei Stunden.

Restaurants

€€€ | **Schloss Restaurant Cuxhaven** Wer romantisch essen gehen will, ist hier genau richtig. Angegliedert an das Backsteingebäude aus dem 14. Jh. findet sich dieses hübsche Restaurant. Die Karte setzt auf maritime Elemente wie Scholle oder Krabben, gepaart mit einer bodenständig-niedersächsischen Küche. ■ Schlossgarten 8, Tel. 047 21/50 05 90, www.schloss-restaurant-cuxhaven.de, Mi–So 11–14 und ab 17.30 Uhr

Cafés

Unikat An der Fischmeile liegt dieses Café, das nicht nur modern-freundlich aussieht, sondern auch mit seinem Kaffee und den Kuchen überzeugt. Wer es nicht süß mag, kann dort auch Deftiges essen, es gibt eine kleine, aber feine Karte. ■ Neufelder Str. 12, Tel. 047 21/500 37 77, www.unikat-cux.de

Einkaufen

Wer Fachgeschäfte jenseits der großen Ketten besuchen möchte, bummelt durch das **Lotsenviertel** rund um die Schillerstraße. ■ www.lotsenviertel.de

Bühne

Kleinkunstbühne Kabarett, Konzerte oder Kindermusical – die Kleinkunstbühne bietet den perfekten Rahmen für ein alternatives Abendprogramm. ■ Am Querkamp 22, Tel. 047 21/356 91, www.kleinkunstbühne-cuxhaven.de

Wandern

Zu den Höhepunkten der Region zählt die **Wattwanderung** von Cuxhaven zur Insel Neuwerk. Sie dauert ungefähr drei Stunden, anschließend gibt es die Möglichkeit, die Insel zu besichtigen. Die Rückreise erfolgt dann mit dem Schiff. Die Tour kostet 20 € für Erwachsene, Kinder zahlen 12 €, die Schifffahrt kostet zudem 32 € (Kinder 19 €).
■ www.wattwandernneuwerk.de

Übernachten

Bremerhaven und Cuxhaven sind die Platzhirsche für Zimmer in dieser Region. Doch nicht nur wegen der Preise lohnt es sich, auch jenseits der großen Städte zu schauen. Dort gibt es zum Teil auch lauschige Pensionen und Zimmer zum kleinen Preis – perfekt für alle, die das Ländliche suchen. Mehr und mehr werden alte Häuser in die Hände der jüngeren Generation gegeben. Was einst verstaubt anmutete, erstrahlt nach Renovierungen nun in neuem Glanz und erfreut mit ganz eigenen Wohlfühlkonzepten, die auf Design nicht verzichten möchten.

Butjadingen 114

€€ | Beachhouse Tossens Das Ferienhaus ist Teil des Center-Parc-Komplexes. Es ist freundlich, hell und modern und zeigt sich sehr kinderfreundlich mit den zwei Schlafzimmern. Praktisch: die Infrastruktur des Center Parc wie Minimarkt und Schwimmbad direkt auf dem Gelände. ■ Rügener Straße, Tel. 04736/9280, www.centerparcs.de

Bremerhaven 115

€€ | Im Jaich Durch bodentiefe Fenster auf den Jachthafen schauen, während die Füße auf dem Eichenboden stehen – das Haus zeigt, wie sich ein nachhaltiges Hotelkonzept und stimmungsvolles Wohnen vereinen lassen. Die Zimmer sind hell und freundlich. Reichhaltiges Frühstücksbüfett. ■ Am Neuen Hafen 19, Tel. 0471/97166330, www.im-jaich.de

€€€ | Hausboot Auf einem Hausboot schlafen kann man am Fischereihafen. Das Boot punktet vor allem mit seinem lichtdurchfluteten Interieur – der perfekte Ort für laue Sommernächte, wenn man an Deck die Sterne beobachten kann. ■ Fischkai, Tel. 0172/5431870, www.husboat-erleben.de

€€€ | The Liberty Von außen erinnert das Haus an die 1960er-Jahre mit seinen geschwungenen Balkonen, innen gibt es sich zeitgemäß und stilvoll mit Designmöbeln und mutigen Muster- und Farbkombinationen. Die Zimmer sind klar und elegant ausgestattet, die Lage überzeugt. ■ Columbusstr. 67, Tel. 0471/902240, www.liberty-bremerhaven.com

Cuxhaven 121

€€ | Deichgraf Direkt an der Strandpromenade erfreut dieses Hotel die Besucher vor allem mit seiner schönen Lage, denn fast vor der Haustür ziehen die großen Schiffe vorüber und versprühen Fernweh. Innen ausgestattet wie ein Standard-Businesshotel. ■ Nordfeldstr. 16, Tel. 04721/4050, www.deichgraf.com

€€€ | Pura Vida Wer auf stylishes Ambiente und trendy Stimmung auch im Urlaub nicht verzichten möchte, ist in diesem Haus genau richtig. Hochwertige Materialien, geräumige Zimmer und angenehme Bäder – das Hotel zeigt, dass Wohlfühlen auch in einem modernen Ambiente stimmig sein kann. ■ Steinmarner Trift 15, Tel. 04721/590 7945, www.pura-vida-hotel.de

ADAC Service Ostfriesland

Beim **ADAC Infoservice**, in den **ADAC Geschäftsstellen** sowie auf dem **Internetportal des ADAC** (adac.de) erhalten Sie Informationen zu den Dienstleistungen des Automobilclubs und zu Ihrem Reiseziel. So können Sie sich von der **ADAC Trips App** (adac.de/services/apps/trips) via Smartphone oder Tablet-PC inspirieren lassen oder als **ADAC Mitglied** das kostenlose **ADAC Tourset® Bremen, Nordsee, Ostfriesische Inseln** (adac.de/reise-freizeit/reiseplanung/tourset) mit vielen Reiseinfos und Karten anfordern. Bei Pannen und Notfällen steht Ihnen unser Team rund um die Uhr telefonisch und digital (adac.de/hilfe und ADAC Pannenhilfe App) zur Verfügung.

ADAC Info-Service

T 089 558 95 96 97
Infos zu allen ADAC Leistungen
(Mo–Sa 8–20 Uhr, gebührenfrei)

ADAC Pannenhilfe Deutschland

T 089 20 20 40 00, Mobil 22 22 22
(Verbindungskosten je nach
Netzbetreiber/Provider)

ADAC Ambulanzdienst

T +49 89 76 76 76
(Erkrankung, Unfall, Verletzung,
Transportfragen, Todesfall)

ADAC Pannenhilfe Ausland

T +49 89 22 22 22
(Verbindungskosten je nach
Netzbetreiber/Provider)

Online-Angebote des ADAC für Ihre Reiseplanung

Service	**Webadresse**
Reiseinspirationen, -planung und -hinweise	adac.de/reise-freizeit/reiseplanung
Aktuelle Verkehrslage	adac.de/verkehr
Individuelle Routenplanung	adac.de/maps
Infos zu Tankstellen und Spritpreisen	adac.de/tanken
Infos zu mautpflichtigen Strecken	adac.de/mautportal
Infos zu Fährverbindungen	adac.de/faehren
Aktuelle Infos vor Reiseantritt	adac.de/tourmail
Informationen für Camper	adac.de/camping
Informationen für Motorrad- und Oldtimerfahrer	adac.de/reise-freizeit/reisen-motorrad-oldtimer
Informationen für Segler und Skipper	skipper.adac.de
ADAC Reiseangebote	adacreisen.de
ADAC Autovermietung	adac.de/autovermietung
ADAC Versicherungen für den Urlaub	adac.de/versicherungen
Weltweite Preisvorteile für ADAC Mitglieder	adac.de/vorteile-international
Telemedizinische Beratung	adac.de/meinmedical

Diese **Produkte des ADAC** könnten Sie interessieren: **ADAC plus Reiseführer Rügen, ADAC Reiseführer Hamburg** und **ADAC plus Reiseführer Niederlande** – erhältlich im Buchhandel,
bei den ADAC Geschäftsstellen und in unserem ADAC Online-Shop (adac.de/shop).

Anreise

Mit dem Auto

An die Nordseeküste führt die **Autobahn 27** über Bremen. Von dort teilt sie sich in ein unterschiedliches Netz an Autobahnen, so führt die **A 28** nach Leer, die **A 29** nach Wilhelmshaven und die **A 27** über Bremerhaven nach Cuxhaven. Wer im Westen Deutschlands wohnt, nimmt die **A 31** über Dorsten bis nach Leer, sie schlängelt sich an der holländischen Grenze entlang. Die Region der Nordseeküste ist dünn besiedelt und der Verkehr meistens übersichtlich. Allerdings ergeben sich nicht selten Staus rund um den Verkehrsknotenpunkt Bremen.

Flugzeug

Der **Flughafen Bremen** (www.bremen-airport.com) ist der nächstgelegene Großflughafen. Verbindungen gibt es aber auch nach Helgoland (www.flughafen-helgoland.de). Kleine Flughäfen befinden sich in Harle und in Norddeich (www.inselflieger.de).

Bahn

Die Küstenregion ist über den Bremer Hauptbahnhof gut angebunden. Einige Regionalzüge fahren direkt nach **Norddeich-Mole**, von wo aus die Fähren nach Juist und Norderney starten. Leider sind nicht alle Inseln gut an das Bahnnetz angeschlossen: Zum Fährhafen Neßmersiel sowie nach Bensersiel, Harlesiel und Neuharlingersiel müssen Reisende für das letzte Stück in den Bus umsteigen. Für **Radfahrer** könnte es interessant sein, mit dem eigenen Fahrrad anzureisen, dafür muss ein eigenes Ticket gebucht werden, 0180/699 66 33, (20 ct/Anruf aus dem dt. Festnetz, Tarif bei Mobilfunk max. 60 ct/Anruf), für Radfahrer gibt es dort eine Beratung unter dieser Nummer (www.bahn.de).

Bus

Von vielen deutschen Städten fahren **Fernbusse** nach Bremen, Wilhelmshaven, Emden und zu den Fährhäfen wie Neuharlingersiel, Norden oder Harlesiel. Das Internetportal www.buslinien suche.de hilft, Preise zu vergleichen und das beste Angebot zu finden.

Schiff/Fähre

Die Ostfriesischen Inseln sind nur per Schiff zu erreichen, es gibt verschiedene Reedereien, die die Inseln ansteuern. Wer keine Kosten scheut, kann auch hinfliegen (www.inselflieger.de).

Übersicht der Reedereien:

- Fähre nach Borkum ab Emden: Service-Center AG EMS, Zum Borkumanleger 6, 26723 Emden, Tel. 018 05/18 01 82, www.ag-ems.de
- Fähre nach Juist ab Norddeich: Reederei Frisia, Tel. 049 31/98 70, www.reederei-frisia.de
- Fähre nach Norderney ab Norddeich: Reederei Frisia, Tel. 049 31/98 70, www.reederei-frisia.de
- Fähre nach Baltrum ab Neßmersiel: Reederei Baltrum-Linie, Dorfstr. 46, 26553 Neßmersiel, Tel. 049 39/913 00, www.baltrum-linie.de
- Fähre nach Langeoog ab Bensersiel: Reederei Damwerth, Barkhausenstr. 2, 26465 Langeoog, Tel. 01 51/74 10 39 71 (10–18 Uhr), www.ms-flinthoern.de
- Fähre nach Spiekeroog ab Neuharlingersiel: Nordseebad Spiekeroog, Noorderpad 25, 26474 Spiekeroog, Fahrkartenschalter Neuharlingersiel: Tel. 049 74/214, Fahrkartenschalter Spiekeroog: Tel. 049 76/919 31 33, www.spiekeroog.de

■ Fähre nach Wangerooge ab Harlesiel: Schifffahrt und Inselbahn Wangerooge, Hafen Harlesiel, 26409 Harlesiel, Tel. 04464/949411, www.siw-wangerooge.de

Auto und Straßenverkehr

Selbst an der dünn besiedelten Nordseeküste muss zu den **Hauptreisezeiten** mit einem erhöhten Verkehrsaufkommen und einer begrenzten Anzahl von freien Parkplätzen gerechnet werden. Dann sollte man nach Möglichkeit auf öffentliche Verkehrsmittel oder das Fahrrad/E-Bike ausweichen. Knoten- und Staupunkt der Anreise via Autobahn kann vor allem zu Ferienzeiten Bremen sein.

Tanken

Ostfriesland ist weitläufig und dünn besiedelt. Tankstellen gibt es ausreichend, aber Autofahrer sollten nicht warten, bis die Reservelampe leuchtet, bevor sie tanken. Manche Strecken erweisen sich weiter als gedacht.

Unfall

Nach einem Unfall sollten Sie sofort anhalten, die Unfallstelle absichern und Erste Hilfe leisten. Bei Personenschaden unbedingt die Polizei verständigen (Notruf: 112). Die **Notrufzentrale des ADAC** erreichen Sie bei Fahrzeugpannen und -unfällen unter Tel. 089/20204000 oder unter der Mobil-Kurzwahl 222222 (Verbindungskosten je nach Netzbetreiber/Provider).

Barrierefreies Reisen

Die Nordsee ist gut auf Reisende mit eingeschränkter Mobilität eingestellt, wobei die Topografie des flachen Landes dabei natürlich sehr hilfreich ist. In vielen Fällen wurde sogar ein barrierefreier Zugang zu den Stränden und Deichen angelegt. Eine Übersicht bietet: www.barrierefreie-nordsee.de.
Es gibt aber darüber hinaus noch spezielle Angebote für Menschen im Rollstuhl. In Horumersiel werden etwa barrierefreie Wattwanderungen veranstaltet, damit auch mobil eingeschränkte Menschen die Wunder im Schlick erkunden können. Über die barrierefreien Angebote geben die Touristeninformationen Auskunft.

Feiertage

Die Nordseeküste ist evangelisch geprägt. Zu den festen Feiertagen gehören der 1. Januar (Neujahr), Gründonnerstag, Karfreitag, Ostersonntag, Ostermontag, 1. Mai, Christi Himmelfahrt, Pfingstsonntag, Pfingstmontag, 3. und 31. Oktober sowie an Weihnachten der 24., 25. und 26. Dezember.

Geld und Währung

Nicht alle Orte, vor allem die kleinen Dörfer, sind mit **Geldautomaten** bestückt. Darauf sollten sich Reisende vorbereiten und in den größeren Orten mit Bargeld versorgen. Bargeldloses Zahlen aber ist fast überall möglich. Viele kleine Hofläden oder -Cafés sind aber auf Bargeld eingestellt. Also empfiehlt es sich immer, ausreichend Scheine und Münzen mitzuführen.
Fast alle Küstenorte erheben eine **Kurtaxe**, sie beträgt zwischen 2 € und 3,50 € am Tag (Kinder sind günstiger). Für die Ostfriesischen Inseln muss die Kurtaxe am Fährterminal bezahlt werden, ansonsten gibt es Probleme beim Einchecken auf die Fähre.

Kosten im Urlaub

(Durchschnittliches Preisniveau auf dem Festland. Auf den Inseln ist es oft teurer.)

Tasse Kaffee	2,20 €
Kännchen Ostfriesentee	3,50 €
Softdrink (Limonade)	2,50 €
Glas Bier (0,3 l)	3,50 €
Glas Wein (0,2 l)	6 €
Hauptgericht (Restaurant)	10–18 €
Fischbrötchen	4 €
Mietwagen/Tag	ab 20 €

Gesundheit

Die medizinische Grundversorgung mit **Allgemeinärzten** ist in den Städten in der Regel gewährleistet. Anders verhält es sich auf den Inseln. Im Notfall werden Patienten per Flugzeug oder Hubschrauber zum Arzt transportiert. **Kliniken** für den stationären Aufenthalt gibt es auf Borkum, Norderney und in Norden.

Apotheken haben meist Mo–Sa von 9–18 Uhr geöffnet. Die nächstgelegene offene Apotheke erfährt man unter dem bundesweiten Notdienst. Ärztlicher Bereitschaftsdienst: Tel. 11 61 17 (deutschlandweit), Notdienstapotheke: www.aksh-notdienst.de.

Haustiere

Die Nordseeregion ist ein wichtiges **Brutrevier** für viele Vogelarten, dementsprechend gilt auch jenseits der Brutzeit stets eine strenge **Leinenpflicht** für Hunde. Das Aufscheuchen von Vogelansammlungen durch Hunde ist untersagt, die Vierbeiner müssen stets einen Mindestabstand von 300 m zu den Vogelgruppen einhalten. Ebenso ist dafür zu sorgen, dass Hunde keine Schafe bedrängen. Hundehalter haben dennoch an der Nordsee viel Freude, denn in vielen Orten wurden eigene Hundestrände und Freilaufflächen geschaffen. Die örtlichen Tourismusämter informieren gern. Zudem gibt es viele Hotels, in denen Hunde willkommen sind. Eine Übersicht hält Nordsee-Tourismus bereit: www.die-nordsee.de/hundestraende.

Information

Über die Nordseeorte informiert der Verband **Die Nordsee GmbH**, Olympiastr. 1, 26419 Schortens, Tel. 044 21/956 09 91, www.die-nordsee.de.

Ostfriesland Tourismus ist erster Ansprechpartner, wenn es um diese Region geht, Ledastr. 10, 26789 Leer, Tel. 04 91/91 96 96 60, www.ostfriesland.de. In allgemeinen Fragen kann auch die **Tourismusmarketing Niedersachsen** Auskunft geben, Essener Str. 1, 30173 Hannover, Tel. 05 11/27 04 88 40, www.reiseland-niedersachsen.de.

In Österreich und der Schweiz

- Deutsche Zentrale für Tourismus, Mariahilfer Str. 54, 1070 Wien, Tel. 01/15 13 27 92. www.deutschland-tourismus.de
- Deutsche Zentrale für Tourismus, Talstr. 62, 8001 Zürich, Tel. 044/213 22 00 92, www.deutschland-tourismus.de

Klima und beste Reisezeit

Die Nordseeküste Niedersachsens hat milde, feucht-kühle Winter und mäßig warme Sommer. Im Winter sind es vor allem Wind und Feuchtigkeit, die ein Fröstelgefühl hervorbringen. Im Sommer klettern die Temperaturen nur

Festivals und Events

Januar

Neujahrsschwimmen – Am 1. Januar wagen sich auf Borkum besonders Mutige in Badehose ins Wasser.

Mai

Krummhörner Orgelfrühling (Anfang Mai) – Hochkarätige Orgelmusik auf teils 500 Jahre alten kirchlichen Instrumenten, die man dann in vollem Klang erleben kann.

Inselwitz – Im Mai treffen sich angesehene Cartoonisten auf Baltrum und ziehen sich zurück, um zu einem gemeinsamen Thema zu zeichnen.

Korso auf dem Wiesmoorer Blütenfest

Juni

Filmfestival (Mitte Juni) – Newcomer und alte Hasen der Filmbranche schätzen das Filmfestival Emden-Norderney, das deutschlandweit zu den hochkarätigsten seiner Art zählt.

Juli

Kutterkorso Greetsiel (Ende Juli) – Geschmückte Krabbenkutter nehmen Touristen ein Stück mit auf See, begleitet wird der Kutterkorso von einem kulinarischen und musikalischen Rahmenprogramm.

Trabrennen Hooksiel (Ende Juli) – Auf der Jaderennbahn messen sich die Rennpferde im Trabrennen. www.rennverein-hooksiel.de.

August

Internationales Streetart-Festival (Anfang August) – Künstler und Kunstliebhaber kommen in Scharen nach Wilhelmshaven, dann wird das Pflaster zur Leinwand für Kreidezeichnungen und Co. www.streetart-wilhelmshaven.de.

Wiesmoorer Blütenfest (Ende August) – Ein einzigartiger Brauch in Norddeutschland: Tagelang werden die Wagen des Blumenkorsos mit Blüten verziert, der bunte Umzug ist der Höhepunkt. www.bluetenfest-wiesmoor.de.

Oktober

Zugvogeltage – Wenn Mitte Oktober die Zugvögel an die Küste kommen, starten nicht nur Exkursionen, sondern auch Konzerte und Theaterstücke aus den Ländern, in denen sie überwintern, etwa Afrikas Westküste. www.zugvogeltage.de.

November

Blues Festival Emden (Anfang November) – Eine Nacht lang geht es rund in Emden, dann zieht der Blues in die Kneipen. www.blues-nacht.de.

Dezember

Engelkemarkt in Emden – Weihnachtsmarkt mit viel Flair in der Ostfriesenstadt.

selten über 30 °C, meistens bleibt es bei einer angenehmen Temperatur zwischen 20 und 25 °C. Der kälteste Monat an der Nordsee ist der Januar, aber auch der Februar kann noch eisig sein. Dafür bleibt es im Herbst etwas länger warm. Die **beste Reisezeit** ist kurz vor und kurz nach der Hauptsaison, weil dann das Wetter angenehm ist, Läden, Museen und Restaurants noch geöffnet haben und die Preise für Übernachtungen günstiger sind.

Klimatabelle Emden

Monat	Luft (°C) min/max	Wasser °C	Sonne (h/Tag)	Regentage
Jan.	-2/4	4	0	13
Feb.	-1/5	3	2	9
März	1/8	4	3	12
April	3/12	6	5	10
Mai	6/16	10	6	11
Juni	9/20	13	6	11
Juli	11/21	16	7	11
Aug.	11/21	18	6	11
Sept.	11/17	15	4	11
Okt.	6/14	13	3	11
Nov.	2/8	9	2	14
Dez.	0/6	6	1	14

Medien

An der Nordseeküste gern gelesen ist die »Ostfriesenzeitung«, sie ist auch im Netz mit Neuigkeiten aus den Regionen zu finden: www.oz-online.de. Aber auch die »Emderzeitung« (www.emderzeitung.de) sowie die »Wilhelmshavener Zeitung« (wzonline.de) und die »Nordsee-Zeitung« (www.nordsee-zeitung.de) bereichern das Angebot. Die Ostfriesland-App bietet ebenfalls einen schönen Zusatznutzen für das Handy. »Meine Stadt Bremerhaven« heißt die App, die über das Angebot der größten Nordseecity informiert. Viele Nordseegeschichten, die bei der Recherche entstanden sind, gibt es auch auf dem Blog der Autorin zu lesen: www.indigo-blau.de, der die Nordsee zum Schwerpunktthema hat. Geschichten aus Ostfriesland, gespickt mit Informationen zur Region, erzählt auch der Blog www.teetied-ostfriesland.de.

Notfall

- Euronotruf: Tel. 112 (Polizei, Feuerwehr, Rettungsdienst)
- ADAC Info Service: Tel. 08 00/510 11 12 (Mo–Sa 8–20 Uhr)
- DGzRS (Deutsche Gesellschaft zur Rettung Schiffbrüchiger): Tel. 04 21/53 68 70, www.seenotretter.de

Öffnungszeiten

In der Nordseeregion gelten dieselben **Kernöffnungszeiten** wie überall in Deutschland. Supermärkte und Co. haben in der Regel von 8 bis 18 Uhr geöffnet, oft auch bis 20 Uhr oder länger. Bei den Shops für Kleidung, Haushaltswaren u. s. w. kann es vor allem in Kleinstädten, auf den Inseln oder außerhalb der Saison vorkommen, dass Mittagspausen eingelegt werden, in der Regel zwischen 13 und 15 Uhr.

In vielen **Restaurants** ist es üblich, früh zu Abend zu essen, ab 20 Uhr können gerade außerhalb der Saison viele Restaurants schon für den Feierabend aufräumen. **Banken** haben in der Regel von 10–16 Uhr, an manchen Tagen länger, mittwochs oft nur vormittags geöffnet. Darauf sollten sich Gäste einstellen und sich über die genauen Öffnungszeiten im Voraus erkundigen, vor allem in ländlichen Regionen oder auf den Inseln, speziell in der Nachsaison. Bei einigen Restaurants werden die Öffnungszeiten zudem der Wetterlage angepasst.

Sicherheit

Die Nordseeküste und ihre Inseln gelten als sichere Reiseziele. Dennoch sind die allgemein üblichen Sicherheitsvorkehrungen auch dort gültig. Etwa, dass man keine Wertsachen im Auto offen liegen lässt. Auf gar keinen Fall sollte man auf eigene Faust das Watt erkunden – Wanderer können hier im Handumdrehen von der herannahenden Flut überrascht werden.

Sport

Angeln

Mit dem **Fischkutter** raus aufs offene Meer und Makrelen oder Dorsche angeln, und im Oktober beißen die Plattfische: Wer angeln gehen will, ist auf einem Fischkutter bei speziellen Angelfahrten gut aufgehoben. Ob in der Krummhörn oder auf einer der Inseln, die örtlichen Tourismusvereine geben gern einen Überblick über die geeignetsten Angebote.

Segeln

An der Nordsee zu segeln erfordert gute Kenntnisse, denn die Priele und die Tide müssen eingeschätzt werden können. Wer noch nicht segeln kann, es aber lernen möchte, findet in Hooksiel oder Norddeich passende Angebote. Aber auch auf den Inseln wie Norderney oder Langeoog können Kinder wie Erwachsene die Kunst des Lenkens mit dem Wind erlernen.

Golf

Auf Norderney, Wangerooge und Langeoog lässt es sich ebenso golfen wie auf dem herrlich gelegenen Schloss Lütetsburg oder auch bei Wilhelmshaven – auf den Sport müssen Urlauber an der Nordsee also nicht verzichten.

Schwimmen

Wer gerne schwimmt, hat es an der Küste des Festlandes nicht leicht, denn oft ist das Wasser verschwunden. Eine starke Brandung sucht man zudem vergebens, da die Ostfriesischen Inseln wie eine Barriere vor der Küste liegen. Wer in der Nordsee baden möchte, ist auf den Inseln besser aufgehoben. Es ist aber auch nicht ohne, denn es gibt bisweilen **Unterströmungen**, die selbst für sehr gute Schwimmer gefährlich sein können. Wer baden möchte, sollte deshalb stets auf die **Strandflaggen** achten. Die rote Fahne steht dabei immer für höchste Gefahr und Badeverbot. Die gelbe Flagge bedeutet, dass nur geübte Schwimmer ins Meer eintauchen sollten, Kinder eher nicht.

Bis auf die Inseln ist die Küste vor allem geprägt von **Grünbadestränden**, das heißt, es gibt keinen Sandstrand, die Wiese geht gleich ins Watt über. Das hat auch Vorteile, denn das Knirschen des Sandes entfällt. Für manchen Erstbesucher mag es allerdings gewöhnungsbedürftig sein, viele wissen es aber auch sehr zu schätzen. Wenn das Wetter mal wieder nicht mitspielt: In den großen Städten und Gemeinden gibt es Hallenbäder, und falls das Wasser nicht da ist, verfügen viele Küstenorte auch über Freibäder. Zudem ist die Region reich an **Badeseen**, über Qualität und Lage informiert der Badegewässer-Atlas in Niedersachsen: www.badegewaesser.niedersachsen.de.

Surfen

Es muss nicht immer Hawaii sein, auch an der Nordsee lässt es sich gut surfen. **Wangerooge** mit dem Sandstrand auf der nördlichen Inselseite und dem offenen Meer ist ein ideales Surfgebiet. Die Surfschule bietet Kiten sowie klassisches Windsurfing an (www.windsurfing-wangerooge.de). Auch am **Festland** stößt man auf ein großes Angebot, etwa in Norddeich (www.surfschule-norddeich.de) aber auch in Schillig (www.windloop-schillig.de). Auch in Butjadingen bieten Surflehrer Kurse für Anfänger und Fortgeschrittene an (www.kitesurf-nordsee.com).
Nicht nur an der Nordsee lassen sich Surfabenteuer erleben, auch an so manchem See wie dem **Zwischenahner Meer**. In der Nähe von Aurich findet sich am Badesee Tannenhausen eine der modernsten Wakeboardanlagen Deutschlands. Auf Borkum lockt neben Surfen auch Kiten und Strandsegeln (www.worldofwind.de). **Kitesurfen** ist im Wattenmeer aus Naturschutzgründen nur in gewissen Zonen erlaubt, um die Tiere nicht zu stören.

Fahrrad

Die Nordseeküste ist ein Paradies für Radfahrer, denn die Strecken sind eben mit weitem Blick. Die einzige Herausforderung bietet oftmals der starke **Wind**, vor allem wenn er aus der Gegenrichtung kommt. Wem das zu heftig ist, der hat die Möglichkeit, aufs E-Bike umzusteigen. Die Nordseeküste ist auch auf diese Form der Mobilität mit vielen Ladestationen gut eingestellt. Außerdem gibt es viele Hotels, die sich mit ihren Angeboten auf Radfahrer spezialisiert haben. Verlockend ist auch der **Nordseeküsten-Radweg**, übrigens soll er der längste Radfernweg der Welt sein. Die App Rad-Navi hilft dabei, auf den schönsten Wegen schnell ins Ziel zu kommen.

Reiten

Allein oder in der Gruppe auf dem Pferd durch die unendliche Weite des Wattenmeeres oder durch die auslaufende Brandung zu ziehen ist der Traum vieler Reitsportfreunde. An zahlreichen Küstenabschnitten der Nordsee ist dies möglich. Besonders schön ist dies aber auf den Inseln mit dem weiten Sandstrand. Ponyreiten, anspruchsvolle Touren oder mit dem eigenen Pferd eine Unterkunft finden – das Angebot an der Nordsee ist groß.

Telefon und Internet

Das Internet-Netz ist gut ausgebaut und gehört für Hotels, Pensionen und Privatvermieter mittlerweile fast zum Standard. Auch **Hot Spots** sind in der Region vorhanden, insbesondere in den touristisch erschlossenen Gebieten. In den Städten oder touristischen Zentren wurden an vielen Plätzen Hotspots eingerichtet. Einige Orte wie Norddeich bieten **WLAN** sogar am Strand, ebenso die Innenstadt von Leer, die ihr WLAN gratis zur Verfügung stellt. Viele Restaurants tun dies auch, einfach nach dem Passwort fragen.

Umgangsformen

Die Menschen im Norden sind gerne wortkarg, das gibt aber keinen Anhaltspunkt darüber, ob man Sie mag oder nicht. Das ist auch in Ostfriesland so. Doch hinter der vermeintlich schroffen Fassade verstecken sich oftmals sehr hilfsbereite Menschen, die nicht nur gern Auskunft über ihre Heimat geben, sondern auch redseliger werden, je länger man mit ihnen ins Gespräch kommt. Scheuen Sie sich also nicht, die Küstenmenschen nach weiteren Tipps zu fragen, denn sie sind weltoffener, als man glaubt. In Fettnäpfchen treten kann man als Feriengast schon eher bei der Kleiderordnung: Nicht jedes Restaurant duldet es, dass Gäste barfuß oder in Strandkleidung essen. Legere Kleidung hingegen ist in den meisten Gaststätten auf dem Festland kein Problem.

Unterkunft

Ferienwohnungen

Wer mit seiner Familie an die Nordsee fährt und die Möglichkeit schätzt, schnell mal etwas selbst zu kochen und zudem ein gemeinsames Zimmer zusätzlich zu haben, der wird sich für eine Ferienwohnung entscheiden. An der Nordseeküste gibt es ein sehr großes Angebot an Ferienwohnungen, das Spektrum reicht von einer Holzhütte bis zum Luxusappartement.
Fündig werden Reisende vor allem auf den Seiten der örtlichen Fremdenverkehrsämter, aber auch die gängigen Internetplattformen wie www.airbnb.de oder www.wimdu.de sowie www.booking.com bieten eine große Auswahl. Darunter sind teilweise auch ungewöhnliche Schlafstellen – wie etwa in einem umgebauten Bauwagen oder einer restaurierten Windmühle.

Hotels

Den größten Komfort an der Küste bieten die Hotels. Hier gibt es Häuser für jeden Geldbeutel, von günstig bis teuer, von modern bis althergebracht. Schon innerhalb eines Jahres sind dabei große Umbrüche möglich, und ständig erscheinen neue Sterne am Hotelhimmel. Einige Häuser haben sich ganz auf **Thalasso-Therapie** eingestellt. Deswegen lohnt es sich immer zu schauen, wo gerade etwas neu eröffnet hat. Einen guten Überblick geben auch die Gastgeberverzeichnisse der Tourismusämter (die Adressen finden Sie in den jeweiligen Kapiteln).

Campingplätze

Wildes Campen ist an der Nordsee verboten. Warum sollte man es auch tun, wo es so viele Plätze oder Stellplätze an ausgewählten Orten gibt? Zu den wohl am schönsten gelegenen Campingplätzen zählen jene auf den Inseln, allen voran der auf Spiekeroog – viel Platz und Ruhe sind garantiert. An der Küste und in den Städten gibt es auch viele schöne Wohnmobilstellplätze, allerdings sind diese in der Hauptsaison auch gerne mal voll.

Urlaub auf dem Bauernhof

Natur pur und viel Spaß für Familien mit Kindern bieten zahlreiche Bauernhöfe an der Nordseeküste und im Binnenland. Wer mal etwas Neues ausprobieren möchte, der kann in einigen Unterkünften auch im Heu schlafen. Nähere Informationen erhält man bei den Zimmervermittlungen der Tourismusinformationen in den jeweiligen Orten. Bei Nordsee-Tourismus gibt es zudem viele Gastgeberverzeichnisse für die einzelnen Regionen, die dabei helfen, eine gute Entscheidung zu treffen.

Unterwegs in der Natur

Die Dünen sind für die Menschen an der Nordsee wichtig, und deswegen schützen sie sie auch in besonderer Weise. Kein Verständnis hat man hier für Besucher, die jenseits der erlaubten

Bereiche über empfindliche Uferzonen trampeln oder sich fernab der ausgeschilderten Wege bewegen.
Im Urlaub so wenig Spuren wie möglich zu hinterlassen sollte das Ziel sein, damit die kleinen Inseln und die Natur sich nicht von den Besucheranstürmen mühsam erholen müssen.
Besonders wichtig ist angemessenes Verhalten gegenüber den **Seehunden**. Wer unterwegs auf eine Seehundbank trifft, bewahrt Ruhe und unterschreitet den Mindestabstand von 500 m keinesfalls. Weder die Seehunde noch andere frei lebende Tiere wie Enten oder Möwen sollten gefüttert werden. In der Schutzzone 2 ist sowohl das Drachensteigenlassen als auch das Muschelsammeln verboten. Wer eine **Wattwanderung** machen möchte, sollte sich besser einen kundigen Führer suchen, anstatt sie im Alleingang zu wagen. Die Flut kommt schneller, als man denkt. Mehr Infos gibt es unter www.nationalpark-wattenmeer.de.

Vergünstigungen

Wer im Urlaub an der Nordseeküste aktiv sein möchte, dem bietet die **Nordsee-Service-Card** viele Vorteile. Sie ist beim Vermieter bzw. Gastgeber erhältlich. Jeder, der seinen Kurbeitrag bezahlt, bekommt sie automatisch. Die Karte bietet viele Vergünstigungen bei Eintritten, Aktivitäten oder dem Urlauberbus (www.die-nordseeküste.de).

Verkehrsmittel

Bus und Bahn

Nicht alle Orte sind an das Bahnnetz angeschlossen, viele aber an das Busnetz, auf das sich umsteigen lässt. Falls das nicht ausreicht, muss ein Taxi gerufen werden. Eine gute und kostengünstige Möglichkeit, vor Ort mobil zu bleiben, bietet der **Urlauberbus**, dessen weites Streckennetz die Landschaft durchzieht (www.urlauberbus.info).

Fähren

Die Halligen und Inseln der Nordseeküste werden von vielen Fähren angelaufen (mehr unter Anreise, S. 127).

Fahrrad

Das Fahrrad ist ein guter Begleiter, wenn man vor Ort mobil sein will. Ostfriesland hat sich in Fahrradfreundlichkeit an das Nachbarland Holland angeglichen: Fast in jedem Ferienort gibt es Leihmöglichkeiten auch für E-Bikes, Reparaturen werden dort ebenso geleistet. Besonders schöne Routen bietet der **Nordseeküsten-Radweg**, etwa die 300 km lange Strecke von Varel bis Emden. Eine zweite Variante des Nordseeküsten-Radwegs führt von Varel bis nach Cuxhaven.

Mietwagen

An der ländlich geprägten Küste ist es nicht überall möglich, ein Auto zu mieten, in der Hauptsaison kann es zu Engpässen kommen. Deswegen unbedingt vorher abklären, ob Mietwagen zur Verfügung stehen, etwa bei der **ADAC-Autovermietung**, adac.de/autovermietung, bei den Geschäftsstellen des ADAC oder unter Tel. 089/76762099.

Zollbestimmungen

Reisende aus **EU-Ländern** wie Österreich dürfen Waren für den privaten Gebrauch abgabenfrei in die Heimat nehmen. Bürger der **Schweiz** dürfen Waren im Wert von 300 € für den privaten Gebrauch aus der EU ausführen.

Die Geschichte Ostfrieslands

6000 v. Chr. Auf dem Gebiet des heutigen Spiekeroog leben Menschen als Jäger und Sammler, wie ein 2016 gefundener Unterkiefer beweist.

1500 v. Chr. Landwirtschaftliche Nutzung bei Aurich, darauf deutet der älteste bekannte Pflug Deutschlands hin.

700 n. Chr. Von Westen her wird die ostfriesische Halbinsel neu besiedelt, es entsteht ein Heerkönigstum, das bis in die Niederlande reicht.

785 Karl der Große erobert und christianisiert Ostfriesland.

12. Jh. Die Ostfriesen widersetzen sich als freie Bauern dem Feudalismus, indem sie sich zu autonomen Regionen zusammenschließen. Die Abgesandten treffen sich am Upstalsboom bei Aurich, um Recht zu sprechen.

1362 Mit der Zweiten Marcellusflut sterben Tausende Menschen, der Dollart wird überspült, das Dorf Janssum verschüttet und vermutlich Juist von Borkum getrennt. In der Folge beginnen die Ostfriesen mit Küstenschutzmaßnahmen und Landgewinnung.

14. Jh. Die Abgesandten der friesischen Seelande gewinnen an Macht und formen ein Häuptlingssystem, bei dem die Bauern jedoch ihre Freiheit halten.

1568 Die Niederländischen Freiheitskriege erreichen auch Ostfriesland, viele Glaubensflüchtlinge suchen in Emden Schutz und verhelfen der Stadt zu wirtschaftlicher Blüte.

1717 Am 24. Dezember setzt die Weihnachtssturmflut halb Ostfriesland unter Wasser, zwischen 11 000 und 22 000 Menschen verlieren ihr Leben.

1744 Nach dem Aussterben des Geschlechts der Circenser verliert Ostfriesland seine Selbstständigkeit und wird Preußen eingegliedert.

1797 Die Insel Norderney wird zum ersten deutschen Nordseebad.

1848–1850 Höhepunkt der Auswanderungswelle in die USA.

1865 Minnie Marx, die Mutter der Marx Brothers, wird in Dornum geboren.

1906 Der knapp 32 km lange Nordgeorgsfehnkanal ermöglicht die industrielle Nutzung der Moore.

1933–1945 Die NS-Herrschaft und der Zweite Weltkrieg überschatten das Leben in Ostfriesland.

25. April 1945 Großer alliierter Bombenangriff auf Wangerooge.

1986 Der Nationalpark Wattenmeer wird gegründet und im Jahr 2009 zum UNESCO-Weltnaturerbe erklärt.

2017 Vor Ostfrieslands Küste geht der größte Windpark Deutschlands in Betrieb. Gode Wind 1 und 2 kann 600 000 Haushalte mit Strom versorgen.

2022 Vor der Insel Wangerooge läuft ein Containerschiff auf Grund und muss freigeschleppt werden.

Deutsche Auswanderer im Hafen von Cuxhaven auf ihrem Weg in die USA

Alle Blickpunkt-Themen in diesem Band:

Register

Bildnachweis

Titel: Otto-Leuchtturm in Pilsum
Foto: Shutterstock.com (Dar1930)
Rücktitel: links: stock.adobe.com (Animaflora PicsStock), rechts: Getty Images (Westend61)

Adobe Stock: narttekg 14/15 – Andrea Lammert: 111, 117 – dpa Picture-Alliance: Ingo Wagner 54, 77 – Getty Images: Konrad Wothe/Look-foto 6.3; imageBROKER RM 57 – Huber Images: Günter Gräfenhain 5.1, 13.3, 17.1, 18/19, 28/29, 39, 44, 90/91, 113.3, 121; Hans Peter Huber 35 – imago: Jochen Tack 33 – Interfoto: Granger, NYC 136 – laif: Martin Kirchner 10.2, 11.1, 95, 144.2; Gregor Lengler 11.2; Bernd Jonkmanns 11.3; Jörg Modrow 79; Ralf5Brunner 63, 96 – Lookphotos: Konrad Wothe 40, 43; Ulf Böttcher 100 – mauritius images: Manfred Mehlig 3.1; Westend61 7; Roland T. Frank 17.2; Kuttig-Travel-2/Alamy 23; Prisma/Fiedler Bernd J. 49.2; Klaus Neuner 50/51; Manfred Habel 61, 70, 87.1, 103, 106, 114, 130, 144.1; Werner Dieterich/Alamy 65.2 – Romantik Hotel Reichshof: Friederike Hegner 87.2 – Shutterstock.com: travelpeter 4.1; Marc Venema 4.2, 73, 74, 80; FrankHH 12.3; Traveller70 13.2, 99; dirk 24; LaMiaFotografia 58; Jan Schneckenhaus 65.3; powell'sPoint 113.2 – stock.adobe.com: Animaflora PicsStock 2; Günther Ramm 2/3; bambi79 3.2; PhotoSG 6.2; nordenfan 9; Gabriele Rohde 13.1, 118; Fotolyse 36, 108; getti 66/67; Sauerlandpics 82; brudertack69 89.1; LianeM 104; Steffen 113.1; pure-life-pictures 122 – Villa Westend: 47

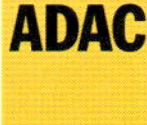

Markenlizenz der ADAC Medien und Reise GmbH, München

ISBN 978-3-98645-004-5

4., unveränderte Auflage 2025

Autorin: Andrea Lammert
Redaktion: Gernot Schnedlitz
Lektorat und Satz: Ewald Tange, tangemedia, München
Bildredaktion: Dr. Nafsika Mylona
Reihengestaltung: Eva Stadler, München; Independent Medien Design, Horst Moser, München
Kartografie: Huber Kartographie GmbH, www.kartographie.de
Herstellung: Mendy Willerich
Druck und Bindung: Drukarnia Dimograf Sp z o. o. (Polen)

Wichtiger Hinweis
Die Daten und Fakten für dieses Werk wurden mit äußerster Sorgfalt recherchiert und geprüft. Wir weisen jedoch darauf hin, dass diese Angaben häufig Veränderungen unterworfen sind und inhaltliche Fehler oder Auslassungen nicht völlig auszuschließen sind. Für eventuelle Fehler oder Auslassungen können Gräfe und Unzer, die ADAC Medien und Reise GmbH sowie deren Mitarbeiter und die Autoren keinerlei Verpflichtung und Haftung übernehmen. Alle Inhalte im Buch wenden sich an und gelten für alle Geschlechter (w/m/d). Soweit grammatikalisch männliche, weibliche oder neutrale Personenbezeichnungen verwendet werden, dient dies allein der besseren Lesbarkeit.

Ansprechpartner für den Anzeigenverkauf:
KV Kommunalverlag GmbH & Co. KG,
MediaCenter München, Tel. 089/928 09 60

Bei Interesse an maßgeschneiderten B2B-Produkten:
b2b-kontakt@graefe-und-unzer.de

Leserservice
GRÄFE UND UNZER Verlag
Grillparzerstraße 12
81675 München
www.gu.de/kontakt | hallo@gu.de

Umwelthinweis
Nachhaltigkeit ist uns sehr wichtig. Der Rohstoff Papier ist in der Buchproduktion hierfür von entscheidender Bedeutung. Daher ist dieses Buch auf PEFC-zertifiziertem Papier gedruckt. PEFC garantiert, dass ökologische, soziale und ökonomische Aspekte in der Verarbeitungskette unabhängig überwacht werden und lückenlos nachvollziehbar sind.

Unterwegs in Ostfriesland

Inselbahnen

Die Inselbahnen sind ein Relikt aus alter Zeit, als man noch mit schweren Koffern anreiste und mit den feinen Sonntagsschuhen nicht durch den Sand stapfen wollte. Heute bieten sie ein einmaliges Erlebnis schon beim Ankommen, wenn die Züge vom Hafen zum Dorf klappern, etwa auf Borkum oder auf Wangerooge.

■ Details auf Seite 22 und 45

Die Fähre mit Handantrieb

Eine Fähre, die per Hand betrieben wird? In Ostfriesland gehören Pünten zum Alltag. Etwa in Wiltshausen oder auf der Krummhörn. Wo früher Postkutschen übergesetzt haben, warten heute Radfahrer darauf, auf die andere Seite zu gelangen.

■ Details auf Seite 52 und 83

Im Lachbus übers Land

Sehenswürdigkeiten müssen nicht immer staubtrocken erklärt werden: Wer es lustiger haben will, steigt in den Lachbus und lässt sich von Komikern in die Geheimnisse und Geschichten der Highlights einweihen.

■ Details auf Seite 84